里山十帖

Satoyama
Jujo

［日］岩佐十良 著　万小瑜 译

地方创生的设计思维
"里山十帖"的经验

清华大学出版社
北京

北京市版权局著作权合同登记号　图字：01-2022-1453

SATOYAMA WO SOSEI SURU「DESIGN TEKI SHIKO」©Toru Iwasa 2015
First published in Japan in 2015 by KADOKAWA CORPORATION, Tokyo.
Simplified Chinese translation rights arranged with KADOKAWA CORPORATION, Tokyo through BARDON-CHINESE MEDIA AGENCY.

版权所有，侵权必究。举报：010-62782989，beiqinquan@tup.tsinghua.edu.cn。

图书在版编目（CIP）数据

地方创生的设计思维："里山十帖"的经验/（日）岩佐十良著；万小瑜译.
—北京：清华大学出版社，2022.8
　ISBN 978-7-302-59785-8

Ⅰ.①地… Ⅱ.①岩… ②万… Ⅲ.①饭店—经营管理—研究 Ⅳ.①F719.3

中国版本图书馆CIP数据核字（2022）第010715号

责任编辑：冯　乐
封面设计：吴丹娜
版式设计：谢晓翠
责任校对：王荣静
责任印制：杨　艳

出版发行：清华大学出版社
　　　　网　址：http://www.tup.com.cn,　http://www.wqbook.com
　　　　地　址：北京清华大学学研大厦A座　邮　编：100084
　　　　社总机：010-83470000　　　　　　　邮　购：010-62786544
　　　　投稿与读者服务：010-62776969，c-service@tup.tsinghua.edu.cn
　　　　质量反馈：010-62772015，zhiliang@tup.tsinghua.edu.cn
印装者：小森印刷（北京）有限公司
经　销：全国新华书店
开　本：142mm×210mm　印　张：5.75　字　数：122千字
版　次：2022年8月第1版　　印　次：2022年8月第1次印刷
定　价：89.00元

产品编号：084620-01

序言

在一个"从过去的资料来看,开设旅馆100%不会成功"的地方,为何那家旅馆在开业三个月后,客房入住率就已经超过了90%呢?

这正是本书的主题。"那家旅馆"指的是我们在新潟县大泽山温泉开的一家名为"里山¹十帖"的生活方式提案型住宿设施。

如今,日本的旅馆的平均入住率是50.3%(数据来源:日本观光厅《2013年民宿旅游统计调查——员工人数10名以上的设施》)。而且普遍来说,客单价都在逐年下降。另一方面,"地方创生"一词在地方掀起一股潮流,广受热议。大家都知道,对于地方创生来说,"观光旅游"是关键之所在,为了当地能赚到钱,住宿设施是非常重要的。但是,如果采用重视数据的常规市场营销方法的话,只会得出"除非是相当热门的旅游景点,否则设备投资的资金都难以收回"的结论。"基本逻辑是正确的。可是一考虑到实行的步骤就让人觉得寸步难行"——恐怕不仅是在旅游业,各种行业都会遇到与此类似的问题。

---

1. 里山:是指与村落相邻的,与砍伐、采摘等人类生产生活有密切联系的山林。

其实，在"里山十帖"刚开业时，周围大都是一些否定的声音，像是"鲁莽""绝对会失败"之类的。就连地方银行也认为，"无论你怎么计算，这份商业计划书里写的目标都没法实现。因为不管套用新潟县哪家旅馆的入住率和客单价去算，都不可能有这样的成果。"因此，地方银行在中途便撤回了融资。

在此之后，我们克服了种种困难，终于让旅馆开业了。在开业三个月后，我们就达成了当初银行所断言的"不可能实现"的客房入住率。"里山十帖"只有12间客房，要说"为什么客房入住率能一下子上升"，我想，大概是因为这间旅馆的诞生是源于我们丢弃全部的既有概念，用一种能够检验所有的可能性的方法，即采用"设计思维"的缘故吧。

在开业半年后，"里山十帖"入选2014年的"好设计百佳"（Good Design Best 100），还成为了第一家以旅馆的身份获得特别奖"造物设计奖（中小企业厅长官奖）"的得主。具体情况将在后文详细讲述，简言之，"里山十帖"的获奖理由是：高设计性、提供"住宿"之外的价值以及"新的构造和举措"。这些理由也正是设计思维最重要的地方。

在被人认为什么都没有的地方，如何才能挖掘出当地的独特价值呢？在本书中，通过思考为何客人愿意光顾"里山十帖"，我将与各位讲述隐藏着颠覆常识的创新性的设计思维。

目录

前言　现如今，除了为了合法避税的有钱人，没人会在这里开旅馆。　vii

住下才能体会到当地的潜在魅力。　x

在数据资料显示"不可能成功"的地方开旅馆。　xi

开业后仅3个月，客房入住率达90%以上。　xiii

颠覆常识的创新源于"设计思维"。　xiv

第1章　"里山十帖"开业前的奋斗记
被银行宣告"100%会失败"后一击逆转。　1

Step 1　一切的开端　2
从一通电话开始。　2

搬到新天地？还是留在此地？　3

独一无二的建筑。天堂般的景观。　6

包含设备维修费，总预算1亿日元。　7

先撑过这个冬天，这是紧急课题！　10

没有退路的第二期工程开始了。　13

旅馆是展示厅，也是实体媒介。　15

Step 2　受挫～再启动　20
改造还是重建？　20

和做杂志完全一样的"编辑"工作。 22

相比超出3亿日元的支出，住宿费可以压到多低？ 23

即使在日本也屈指可数的露天温泉诞生。 26

用一句话表达我们的想法就是重新定义奢华。 28

露天温泉的工程来不及完成？ 30

没有厨师也可以营业！ 31

Step 3　成功的征兆　36

新年里，期待已久的相遇。 36

为何无法摆脱旅馆料理？ 38

每道菜都由野菜做成。 40

旅馆一年的旺季不到100天。 43

开业初期的平日入住率为30%，并徐徐上升。 46

让"里山十帖"成为超越杂志的"共鸣媒介"。 48

从"修行僧的料理"变化而来的夏季料理。 50

妥协是最大的敌人。重点在于速度。 53

第2章　设计思维是什么

产生颠覆常识的创新的新思考方法。 59

Method 1　现实社会和数据的反复验证　60

我认为的设计思维。 60

要吸收多少种人格到自己身上？ 62

Method 1 "想象多重人格" 64

Method 2 共鸣的统合 65

锁定"共鸣点"。 65

增加验证次数,提高精度。 66

共鸣点和共鸣的连锁。 68

Method 2 "共鸣的统合" 70

Method 3 思考的推翻与重建 71

统合后,最重要的是"速度"。 71

以"里山十帖"为例,我们做了些什么呢? 72

毫不妥协地前进。 74

Method 1～3的整理 76

第3章 设计思维衍生出的十大成功法则

Point 1 比起物质,更注重共享精神价值 80

针对软性需求而非硬件提出方案。 80

旅馆是"生活方式提案型媒介"。 82

直接刺激右脑。 84

里山特有的自然体验。 86

Point 2 压倒性优势的明确化 90

提到"里山十帖"就能想起它——打造标志性的"绝景露天温泉"符号。 90

目标是成为独一无二的"自然派日本料理"。 92

作为"实体媒介"的评价。 94

Point 3 深入到特定顾客群体中　98

回头客才是提高入住率的捷径。　98

"模仿"无法产生新价值。　100

有关"目标媒介"的想法。　104

Point 4 意外的组合引发创新　108

传统民居和现代设计的融合。　108

既有概念阻碍革新。　109

对环境友好的能源系统。　111

Point 5 孕育真正"有故事的商品"　115

优质的时间才有"故事性"。　115

故事的传播力与旅馆主人的审美成正比。　117

Point 6 目标是为地区带来创造性的贡献　120

传统蔬菜支撑起"有人生价值的农业"。　120

聚集的价值。　122

Point 7 对看不见的成本和风险，要更敏感　125

越能满足客人需求，广告宣传费就越少。　125

如何被媒体关注。　128

商业计划书会妨碍思考的推翻与重建。　130

Point 8 聘用人才的关键词也是"共鸣"　133

用主流招聘渠道不能找到合适的人。　133

乡下"和食料理人"的现状。　134

亲自站在现场，唤起"共鸣"。 *136*

不是"中途休息式工作"而是"多重任务工作"。 *137*

中途休息式工作和多重任务工作的比较 *140*

Point 9　创造市场的构思 *141*

不要跟风做B级美食或地区吉祥物。 *141*

从旅游圈的演讲开始的雪国A级美食项目。 *143*

想永久留存的味道，就是A级美食。 *144*

旅游和农业联手协作，才是滋润地区的关键。 *145*

摆脱空有口号的"自产自销"吧。 *145*

以真正的农工商合作为目标吧。 *146*

自主的持续行动是通往未来的途径。 *147*

从雪国A级美食到日本A级美食之梦。 *150*

Point 10　唤来"年轻力量"和"外部力量" *151*

产学合作项目的举措。 *151*

传统纺织物与学生设计的结合。 *152*

与艺术家合作。 *153*

与品牌的合作。 *155*

后记　社会·连线·设计 | Social · Line · Design *158*

前言

**现如今,除了为了合法避税的有钱人,
没人会在这里开旅馆。**

  我所经营的"里山十帖"位于新潟县南鱼沼市。在1990年前后,南鱼沼市因滑雪热潮变得格外繁荣,但今非昔比。而且"里山十帖"所在的大泽山温泉,是在新潟当地都鲜为人知的小众温泉。在这样的地方,这样的时机,准备经营一家旅馆,难免会被周围的人认为是"疯狂的举动"吧。

  其实,在当地似乎还流传着一则这样的传闻:"10年前从东京来的大富豪公司,现在为了合法避税,要在这儿开温泉旅馆。"当然,事实并非如此。真实情况是,我们公司借了17年的贷款,再加上我个人的借款,才能开成"里山十帖"。不过,开温泉旅馆是"有钱人为了合法避税"的这种说法,并非只在当地才有,现在已经成为旅游业的"常识"了。

  我出生于东京池袋。别说在南鱼沼了,就是在整个新潟县内,我也一个亲戚都没有。公司的主要成员里,也没有任何一个人是新潟人。就是这样的一群人,在2004年把公司搬到了南鱼沼。当时,我们在东京日本桥制作杂志《自游人》的同时,还从事食品销售事业,只卖日本"真正的食物"。杂志和食品销售有个共通的特点,即它们都是"媒介"。杂志无法传播的东西,可以通过食品销售传播,这让我感受到了莫大的意义。因此,为了重新审视我们自己的生活方式,还为了"用自己的眼睛去看、去学习"日本饮食文化的根基——大米是如何被种植出来的,我们把公司搬到了南鱼沼。

话虽如此,在刚开始,我们其实并无在这里长久定居的打算,只是草拟了一个"两年左右"的期限。还在东京时,我们想,两年的时间很长,长到"足够获得大量的知识信息,能让我们不断地推翻并重建思想"了。可是实际上,两年的时光对于大米种植来说,不过只是两个种植周期而已。两年的时间,我们能获得的知识微乎其微。

这一点明明在事先就应该想通,但是我们却根本没有想到……我只能说这就是东京的"傲慢"吧。三年、四年……就这样,期限不断延长,等到我们弄懂之前想知道的"农耕方法、成本、味道"的关系,并且能够完成"农业的未来发展"的实验之时,已经是搬到南鱼沼的第五年以后了。直到第六年、第七年……在这三年间,我们的实验总算是有点样子,也多少有点了解大米的世界了。

在不知不觉中,弹指间已过去十多年。当初,我们考虑打造一个以食物为中心的体验设施,也是因为我们觉得除了食品之外,公司应该拥有一个新的"实体媒介(real media)"。"里山十帖"的十帖,是"十本折子"的意思,一本折子即是一本杂志。因此,您可以把"里山十帖"看作一家收集了各种杂志特刊的旅馆。

住下才能体会到当地的潜在魅力。

　　老实说，公司刚搬到南鱼沼的时候，包括南鱼沼在内的整个"鱼沼"地区，都未能让我们感受到一丝旅游的魅力。

　　2004年，在我们决定将公司搬迁至南鱼沼之前，还有一个强有力的搬迁候选地是轻井泽。其实，我们公司在长野奥运会举办的前几年，就在轻井泽设立了第二办公点。那之后，我们和轻井泽也有过几次不解之缘。而且，在与轻井泽相邻的佐久、小诸、上田等地，我们认识的农业生产者也都远多于鱼沼的。当时，所有公司员工都相信，我们公司总有一天会搬到轻井泽。不过，在鱼沼居住许久之后，我才切实地体会到"原来这里是这么好"。

　　首先，鱼沼的饮食环境最为美好。鱼沼除了人尽皆知的越光米，还有很多不输京都和金泽的传统蔬菜，更有八海山、鹤龄、高千代等美酒。这里还有由船只带来的形形色色的文化：船从江户时代北前船[1]的停靠港——当时日本最大的停靠港新潟凑港出发，沿着日本第一大河信浓川进入这里，带来了新的文化。不仅如此，还有雪国特有的干货、发酵食品等传统饮食文化。

　　其次，这里的自然环境有压倒性的优势。虽然没有著名的旅游景点，但是在海拔2000米的群山环绕下的鱼沼，却有着山毛榉林、溪谷瀑布、赏枫胜地等不知名的绝佳景致。

---

1. 北前船：江户时代至明治时代活跃于日本海，从事海运和贸易的船的名称。

鱼沼丰富的温泉资源也让人震惊。鱼沼市、南鱼沼市内所有泉眼涌出的泉水总量，每分钟竟有1.8495万升。假如将两地冠以"鱼沼温泉乡"之名，以它的泉水总量，能一跃成为全国第八的温泉地（杂志《自游人》2009年7月号别册《温泉图鉴》）。

此外，从东京到这里，搭乘新干线只需1小时15分，驾车也只需两个小时，可以说交通十分便利。

在数据资料显示"不可能成功"的地方开旅馆。

不管在哪个地方，只要你稍微从不同的角度眺望，就能不断地挖掘出许多"地域魅力"。不过，对于把这样的地域魅力当作"日常"的当地人来说，却很难察觉到这份魅力。如果从事旅游业的人又是当地人的话，那这种隐藏着的魅力就更加难以传播。

从东京到鱼沼地区的距离和从东京到长野县上田的距离几乎相同。在上田周围，有别所温泉和鹿教温泉等全国有名的温泉，上田作为旅游胜地也被大众熟知。反观鱼沼，虽是公认的滑雪胜地，但作为旅游地区，它的认知度可以说是极低。要是用重视数据的常规市场营销理论来分析的话，一定会得到以下结论："可以预见，上田周围的集客力可以支持旅馆的正常运营，但鱼沼夏天的集客力特别差。此外，虽然滑雪场的入场人次有停止下滑的趋势，但已经不可能恢复到泡沫经济时期的那种繁华热闹了。归根结底，在鱼沼新开一家旅馆很难，而考虑到滑雪客的平均客单价也在持续下滑，要想成功经营一家高价旅馆更是不可能。"

这可是正儿八经的标准答案。话虽如此，不可否认的是，正是这种标准答案式的分析不仅让鱼沼，也让这世间产生了闭塞感。有句话叫"以柔克刚",但是怎样才叫个克法呢?我的结论甚是简单。

"和轻井泽周边相比,自然环境有着压倒性优势的鱼沼更好,鱼沼的温泉品质也远胜于轻井泽。就连饮食文化也是鱼沼的更为丰富。加上鱼沼离高速公路的交汇处比较近,交通非常便利。综合看来,鱼沼还是有胜算的。"

从现实情况考量的话,鱼沼当然敌不过轻井泽、上田一带,但鱼沼自身也蕴含着十分大的潜力。

最大的问题在于知名度及宣传技巧。与轻井泽、上田一带相比,鱼沼欠缺的正是"品牌力"。话又说回来,我们"里山十帖"仅有12间客房。不过,我有信心,若是打造一座富有当地魅力的设施,并针对能够引起共鸣的顾客层做好重点宣传的话,"里山十帖"必然能达到满房的状态。

我对银行是这么说明的:

"如果以新潟县内的客单价、入住率等数据来推算,我们的计划的确很难实现。但如果这里是轻井泽,或是伊豆、箱根的话,平均客单价和入住率会是不一样的,对吧。 现在,全国上下都在说'旅游业是今后重要的产业',但实际上不管在哪儿都没有人肯贷款给我们。如果真的觉得'旅游业是成长型产业',就请贷款给我们吧。要是旅馆开砸了,那破产的也是我自己,支行行长,您并不会丢饭碗的呀。所以,请把我们当作新产业的试金石,给我们贷款吧!"

支行行长应该也和上级领导交涉多次了吧。银行最终向我们表态,愿意支持我们的事业。就这样,"里山十帖"的大改造工程开始了。我们要改造的是一所十分老旧的传统日式旅馆,由于接二连三地发现了不少设备方面的故障，导致工程经费不断增多。在新的支行行长上任后，形势也突然跟着转变了。在改造工程的收尾阶段，新上任的支行行长来通知我们："你们的商业计划是不可能成功的，我们想撤回所有贷款。"我努力向他说明我们一定能偿还所有的贷款，但他却冷冰冰地说：

"我看过修订后的商业计划书了，无论怎么计算，你们的计划都不可能实现的。因为不管套用新潟县哪家旅馆的入住率和客单价去算，你们的目标都不可能实现。总之，就算我们银行把竣工结算款贷给你们，你们公司开业不出三个月，就会因资金短缺给我们银行开空头支票。既然我现在已经知道会有这样的结果，那就不可能再贷款给你们了。"

我并无在此抱怨银行的打算。我只是想让大家明白，像这种"过河拆桥"的情况，在任何一个地方，包括企业内都会发生——这就是现实。任何一个呼吁"大胆的构思"的策划，可能正在推进中，就因为某人的一句质疑——"这真的没问题吗？"便消失了。于是大家在不知不觉中打出安全牌，在看到具体的风险的时候，并不思考规避风险的方法，而是去考虑责任问题……这样怎么可能会有什么创新呢？

开业后仅3个月，客房入住率达90%以上。

2014年5月17日，"里山十帖"开业了。刚开业的5月至6月可以说是门可罗雀。旅馆不仅是种设备产业，也是雇用了很多员工的劳动密集型产业，只要计划有稍许偏差，就可能"立即破产"。这个时期不单单是用"吓得要死"就能形容得了的，而是

"勉强维持平静的精神状态"。我们必须熬过这段时期，必须坚信客人一定会大驾光临。

开业后的一个月，也就是6月中旬起，预约人数开始大幅增长。接着入住过"里山十帖"的客人给予的高度评价产生了连锁效应，预订量以迅猛的速度上涨。7月，客房入住率高达82%；8月是92%；9月虽稍微回落至83%，但到了10月客房入住率再度超过90%。在此之后的每个月，平均入住率都维持在80%左右。虽然我们刚开始偿还17年的贷款，可以说离成功还有一段距离，但在我看来，颠覆常识的创新已经出现了——这是不争的事实。在本书中，我想和诸位共同分享这个事实。

我曾在武藏野美术大学学习室内设计。说起设计，很容易让大家联想到设计图和依此设计出来的成品。但其实这只是设计的表面。真正的设计是指解决问题或是达成目标的过程。比如，客户想"将某样商品卖给某特定的消费者"时，设计师就要在分析目标消费者的生活习性和日常爱好的基础上，思考能够影响到他们深层心理的技巧。到这一步骤的基本战略和逻辑都非常重要。要是逻辑有矛盾或者出现什么问题，就必须考虑重新设计产品，更改提案。能够做到这一点的才能称得上是设计师。总而言之，设计就是解决问题和达成目标的过程，别无其他。无论是产品设计，还是包装设计或是网络宣传等，不过是一些设计的表面功夫罢了。

颠覆常识的创新源于"设计思维"。

在常见的市场调查中，通过不同的提问方法、数据的获取方法和解释方法，会产生截然相反的结论。如果你想得到"赞成"的回答，可以将问题设计成更容易回答"赞成"的样子，在分析时，也可以将分析者和委托人的价值观加入其中。虽然分析数据的电脑没有个人意识，但是只要处理数据的人是有某种意识的，那么"相信数据"这一行为所带来的潜在风险远远超过我们的想象。

在我们公司，比起数据的分析，我们更重视员工的切身体会，更在意"你怎么想"。在做某个企划案的时候，我们最重视的就是"体感·体验"。首先，自己分析自己所感受到的、看到的东西，之后再冷静下来浏览相关的数据资料。这时，或许有的地方会让人感叹"原来如此"，也可能有的情况会让人诧异："咦？怎么和我的感想不一样？"这时候，我们可以从否定的角度去看看自己觉得理所当然的部分，从肯定的角度去看待让人有所疑惑的地方，试试这样的逆向验证是否能行得通。接着，我们再从各种年龄、收入、职业的人的角度去做假设，进行多种模式的验证。

我们把这种工作方式叫作"现实社会和数据的反复验证"（将在第2章仔细说明）。

接着要考虑的是社会现状。人们渴望什么，又将去往何方呢？各种各样的价值观在我脑中同时流动，我将再度以"体感·体验"的方式抓取出其中一股最主要的潮流。一个拥有多种思想意识的人到底会去向何方，又在追求什么呢？我们一边客观审视时代趋势，一边思考我们公司的目的是什么，思考怎样才能满足社会的需求，并进行反复验证。这样的方式，我们称之为"共鸣的统合"，这也是"设计思维的基本逻辑"。

有人认为"这种思考方式得出的结论，精确度比电脑要低得多"。但在我看来，不正是因为有了人的"直觉"，才会有就连电脑也无法计算出的答案吗？

如今，以市场理论为首的经济学高度发展，电脑的各种运算功能也日益强大，这容易让人产生一种错觉，以为只要通过计算，就能准确地把握未来。的确，股票和天气预报之类的短期预测大多是可以通过计算得出正确结果的，但要说一年后的股价是涨是跌，恐怕连经济学家们都有不同的见解。

如果相信通过计算就能掌握未来趋势，会有什么后果呢？后果就是大家只去追求短期利益。不止股票投资和外汇买卖，就连做生意也是，一旦听到有人预测"这个流行，一定会卖得好"，商家就会一拥而上，像蝗虫过境般将市场蚕食而尽。在这种状况下，怎么可能会有企业能回应社会需求，实现对社会的责任呢？

要想打破这种现状，就得用到本书谈论的主题——"设计思维"。最近很多人都对我说，"岩佐，你的这种构思才是真正的设计思维吧"。"里山十帖"开业不到一年，就有很多人为了"亲身体验'里山十帖'的创意构思"而下榻此地。包括博报堂的品牌设计培训、迪安德鲁卡（日本）的董事会议、信息技术公司的干部培训会都曾在我们这里举办。要将设计思维变为自己的东西，光是阅读本书是不够的，更重要的是对这种思维方法产生共鸣。在接下来的第1章，为了让大家感受我之前的体验，并同时进行"现实社会和数据的反复验证"，我会以体验记的方式，讲述我们如何继承已经腐朽的温泉旅馆，如何改造，又是如何设计服务及菜单内容的。

如果想获得更加真实的体验，请去某家没落的温泉旅馆住上一晚吧。请你尽情想象这些问题："如何从这家小旅馆开始，改变整个地区？""怎样改造这家旅馆才能博得客人的青睐？""重新装修这家旅馆需要贷款几亿日元，到底怎样做才能还上这笔贷款？"

在第2章，我将围绕颠覆常识的创新源于设计思维这一点，解说如何创造全新的价值观、怎样打破社会的闭塞感等问题的思路和方法论。在第3章中，我将通过10个重点法则，来解释说明"里山十帖"是如何从设计思维中诞生出来的。

老实说，"里山十帖"开业刚满一年，一定会有人说我"刚开业一年而已，现在就写书，为时过早"，或者说"只有12个房间的旅馆有什么可吹的"。我自己也觉得，这个阶段的"里山十帖"还谈不上成功，毕竟还有17年的贷款要还。在这17年中，万一途中遇到什么挫折，说不定结局还真是和银行所说的一样。不过在开业以来的一年里，我确切地明白了一件事——旅馆作为地域的展示厅，隐藏着巨大的可能性。即使是被人认为毫无魅力的地方，也会有客人造访。

这绝不是在打广告。为了更真实的体验，最好来"里山十帖"住一晚，来看看这里住着什么样的客人，有着什么样的表情，又有着什么样的感受……再加上自己的体验，我想您一定能理解什么是"共鸣的统合"。

创意总监　岩佐十良

这片可以眺望卷机山的梯田风景，让我决定在这里开业。

第 1 章

『里山十帖』开业前的奋斗记

被银行宣告『100%会失败』后一击逆转。

Step 1

一切的开端

从一通电话开始。

"你知道山上的大泽温泉吧,那里有家温泉旅馆到6月底就要停业了,你有兴趣吗?"

2012年5月14日,那是杂志《自游人》编辑部从东京日本桥搬到新潟南鱼沼的第九年的春天。那一天,我突然收到这个消息。电话的另一端是和我关系不错的农夫,他就住在大泽山附近的村落,所以知道了这个消息。

"我很感兴趣,不过那家旅馆现在是什么状态?"

"旅馆共有五栋建筑,主屋是从隔壁镇迁建过来的旧民居,房龄有150年。还有一栋是20多年前开业时新建的客房楼,一栋是仓库改建成的日归入浴楼,还有日归入浴休息楼和住客专用的温泉楼。建筑物多少有些破损,但是一直在营业,所以我觉得也不是些特别严重的破损吧。"

"房龄150年的旧民居听起来还不错嘛,那它的价格怎么样呢?"

"因为金融机构有房子的抵押权,所以价格得看金融机构那边怎么定。"

"那我明天先去看看再说吧。"

实际上,那个时候我们正在考虑把公司从

新潟搬到其他的地方去。因为，我们想在没有人造建筑、远离村落的里山运营一家店。它既是餐厅也是体验的场所。当时在我们心中所构思的是"晴耕雨读之乡"。

目标顾客有创作家和作家之类等依靠创造力生活的人，也有经营者、程序员、工程师、医生这些平常工作劳心劳神的人。我们想打造出一个既能让人放松休息、又能激发五官感受的空间。在这里，他们可以一整天边眺望梯田边读书，也可以一直躺在床上，只要愿意，也可以光脚跳进水田里……

在人们印象里，我们的工作是杂志编辑，但实际上，在搬到新潟以前，我们一直把事业的重心放在食品销售上。我们以"无添加·国产食材·传统制法"为关键词，生产了一些产品，也让一些商品重获新生。

"一粒米就是媒介。"

这是种想法源自形成本公司之根基的身份认同。对我们来说，杂志、食品以及"晴耕雨读之乡"的构思，全都是媒介。

搬到新天地？还是留在此地？

我们之所以想从新潟搬走，主要是想确保有自己的农耕地，以及食品的安全性和经营上的原因。当然，我们也曾想过在新潟建立"晴耕雨读之乡"。只是含南鱼沼市在内的整个鱼沼地区是全国少见的、连专业农民也难以扩大耕地规模的地方。毕竟这里是"不做宣传也能卖出高价的越光米的产地"，鱼沼地区几乎没有被弃耕抛荒的地方。我们一直希望能拥有属于自己的农耕地，但是这事的难度却比我们想象的还要大得多。

"要是去其他县,会更容易拥有理想的环境。"

所以我们备选的迁移地,理所当然的是新潟之外的地方了。加上2011年3月大地震引发的核泄漏事故,更是让我们的业务受到了直接冲击。

我们公司一直以来以"安心·安全·国产食材"为名,销售有机食品。因此核泄漏事故给我们公司带来巨大的冲击,甚至威胁到公司的存续。由于我们公司对商品进行了比同行更严格、更彻底的放射性物质检查,所以许多商品都被迫处于"暂缓销售"或是"无商品可卖"的状态。6月,德国制的闪烁体探测器送到了,但它的检测极限却只有10贝克勒尔。很多公司都使用这种检测器,并贩卖了检测器上显示"未检出"的食品。而我们公司却决定用更为精密的锗半导体检测器,随时对食品进行检测。结果,直到12月,我们所有的商品几乎都不能售卖出去。我们还公开了检测出1贝克勒尔左右微量污染的食品清单,这些食品都成了"不合格库存"。我们本意是想说明,这些食品"仅仅不到1贝克勒尔,所以请大家不要担心吃了对身体有什么影响",但实际上事与愿违,这些食品根本没办法卖出去。

普遍来看,杂志社运营的网店自不必说,所谓的买手店(Select Shop)基本上都不会囤积库存。可是,如此一来,这些店没办法贩卖真正的好商品。不过,我们网店的库销比极高。特别是大米,我们一直都是全仓收购,并且基本上都将大米提前买断。

"公司位于新潟"这一点也让我们公司受到不小的损害。即使我们所在的南鱼沼的土壤只有微量污染，污染程度甚至比东京的还要小得多，但由于我们主要的顾客都是有机食物的忠实消费者，公司依然受到了不小的打击。

"既然土壤已经被污染了，那你们的商品不也受到核辐射了吗？"

"土壤干燥后会变成灰尘飘到空中，所以放射性物质不也就扩散到空中去了吗？"

这种过分的担忧不断增多，导致我们销售额锐减。2012年的春天，我们几乎没有其他的选择了。

"趁着还有余力，我们赶快搬到其他地方吧。"

我们找到了一片在鱼沼绝对找不到的土地。那里宽阔无垠，景色绝伦，我们准备动身迁往。只是我们担心，这样做是不是"对鱼沼忘恩负义"？虽说鱼沼产的越光米中检测出的铯元素不足1贝克勒尔，但我们却将越光米检测出微量的铯元素一事公布了出来。不过，那是采用特殊的耕作法的个别生产者才有的状况，其他的生产者的大米，无论检查多少次都没有查出放射性元素。然而"越光米被检测出微量的铯元素"的消息还是不胫而走，激起千层浪。

于是，有人认为我们破坏了鱼沼越光米的品牌形象，叫我们赶紧"滚出去"。不过也有人觉得"县政府或国家公布的信息让人无法信赖，你们公布出来的数据反而让人安心"。

所以，要是我们在这种时期离开新潟，难免会给一些人留下"原来新潟的污染已经这么严重了"的印象。

当时，我们还和产品被检查出微量铯元素的农业生产者一起做了一项实验，即"不让稻子吸收铯的方法"。当然，我们绝不认为核泄漏事故有任何可以肯定的地方，然而我们觉得，面对已经发生的事情，继续唉声叹气也没什么作用。如今是科学的时代。我们提出一个假设，即"用这种栽培方法，就不会在大米中检测出铯元素"，并对此进行了实证研究。要是在实验过程中突然从新潟搬走，那我们势必愧对这些生产者。

就在这样的处境下，电话铃响了。

"你知道山上的大泽山温泉吧？"

独一无二的建筑。天堂般的景观。

大泽山温泉附近有三间民宿：在温泉泉眼处的"幽谷庄"、加入日本密汤守护会的"大泽馆"，以及这次电话中提到的旅馆。这家旅馆位于大泽山温泉的最深处，独自伫立在远离县道的森林中。

传闻中的主屋是一栋非常棒的房子。整栋建筑都是用榉木建的，并且都上了漆。即便是在暴雪地带，也很少见到梁柱那么粗的建筑。当然，它的用料也都是现在绝对没办法买到的。我心想，无论如何都要让这座建筑焕然新生。

步入旅馆后的森林小道，如梦般的景色展现在我眼前。脚下是层层梯田，眺望远处则是白雪覆盖的日本百岳名山卷机山。梯田四周围环绕着森林，鸟鸣声响彻林间。这景色宛如人间天堂，让我如痴如醉。

"不管是用什么方法搬到哪里,经营风险都会增加。与其那样,不如就留在我们蒙恩多年的新潟鱼沼,竭尽所能地去做吧!"

包含设备维修费,总预算1亿日元。

从第二天起,我每天都会去一趟那家旅馆,查看它的经营状态和相关设备的状况。最让我在意的还是它的管道、热水锅炉和空调等设备。

"设备目前的状态怎么样?"

"必须更换的设备就只有给水泵,差不多50万日元吧。还有客房楼的屋顶必须整修,有一部分的屋顶在去年被大雪压坏了,修理费用大概200万日元。其他的基本上没什么大问题。"

70多岁的社长自信满满地说道。

"冬天的情况怎么样?"

"那这一点我就得跟你直说了。冬天在这栋主屋里,就算开了暖气也还是不暖和。你看,天花板有10米这么高吧。以前,天花板这么高是为了让地炉的烟都能飘到上面散出去,不过现在呀,暖气全都往上跑没了。就算你烤火炉的时候脸和肚子都是暖和的,背部还是冷,冷得能看到哈出的白气呢,哈哈。不过,你只要跟客人说,'毕竟这里是秘汤旅馆',客人多半会理解,能将就着住下的。"

主屋是非常漂亮的传统民居,但听说到了冬天,这里冷到当作餐厅来吃饭都成问题。另一边的客房楼也修得十分简陋,而且听说这里的中央暖气系统和屋顶融雪系统都在去年坏掉了。

"中央暖气系统坏了的话,那要怎么取暖呢?"

"用油汀呀,中午12点开到最强一档,到下午3点办理入住手续的时候,房间里就已经变得很暖和了。"

"真的只用油汀就可以了吗?客人不会抱怨太冷了吗?"

"没有哟,反而还有人称赞'空气不会变得干燥,真是不错'。"

在交易前卖家说"设备都没问题",可是"实际上完全不能用"之类的故事随处可闻。社长的话当然不可全信,在我看来,以这里的热效率来说,锅炉设备是非常有必要更换的。

"锅炉也不是完全坏掉不能用了呀。只是在营业时需要注意一下,冬天的锅炉费和电费每月最少也要花200万日元。岩佐先生您似乎对能源很有了解,应该很清楚能源费用是经营旅馆的关键吧。冬天还要请专业人士来除雪,租用挖掘机和除雪机的费用也是一个月50万日元以上。还有,为了保证旅馆的走廊和公共区的温度,灯油[1]费需要再加个50万日元。经营这家旅馆最难的地方就在于怎么熬过冬天。"

这里的客房仅有12间。光是应付冬天的雪,一个月就要花掉300万日元。除以30天,居然平均每天要花费10万日元,也就是

---

1. 即煤油。

说平均一间客房要负担8333日元。若是以一间客房平均入住2.5名顾客、客房入住率50%来计算的话，光是暖气费一个人就必须收6666日元。

这家旅馆从开业至今的二十年里，已经换了三位经营者了。最初，这三个人共同出资，为旅馆提供了担保，可以说是共同经营，但实际上却是每人轮流担任经营者。而且这三人都曾遇到了难以克服的困难，也就是冬季的开销。这里离上越国际滑雪场很近，所以冬季也会做滑雪客的生意。即使如此，由于客单价下滑，旅馆甚至连暖气费都无法赚回来。这位正同我交谈的"社长"在2011年的夏天上任。前两任老板都经营失败了，自己作为最后一任只能硬着头皮上了。可不管自己怎么努力，依旧是无法达到收支平衡，而且还因为动员全家一起来旅馆帮忙，导致整个家庭都濒临崩溃。"无论做了多少努力，还是不能扭转赤字局面，再这样下去，我的家庭会垮掉的。如果只是房子和地皮被收走，我姑且还能一忍，可我真的不能接受家庭变得支离破碎。"于是，在经营这家旅馆还不满一年时，他便决心放弃了。

实际上在我们接手这家旅馆之后，设备陆陆续续出现了一些问题，客房等地的工程又被发现偷工减料，棘手的事情接二连三地发生。当时，有很多人奚落我："调查是不是草率了点啊？"

但彻底调查会花费过多的时间和经济成本，现实上很难做到。加上这次老板铁了心说："不管发生什么，到6月底就关店。"因此提供贷款的农业协会又惊又慌，急着找到下家来接手这家旅馆。

旅馆一旦歇业，就必须缴还营业执照，如此一来，想要再重新开业就是难上加难。建筑物和更新的设备必须符合现行的法律法规，所以就现实来看，想要再重新申请开业几乎是不可能的。对于我来说，只有两条路可选：要么继承营业执照的同时买下不动产，要么就放弃。

先撑过这个冬天，这是紧急课题！

签约是在7月2日。我们从5月14日开始正式商谈这件事，到签约为止仅仅花了1个半月的时间。不是我自夸，这可真称得上是速度惊人。

从6月上旬开始，我穿上工作服，开始在这家旅馆工作。宴会配餐、洗碗、摆盘、扫厕所等我都体验过了。我尽可能地接触更多客人，询问他们这家旅馆吸引人的魅力是什么。当时，我感到"只要改变做法，这家旅馆就会有机会重生"。

我准备花费2400万日元对12间客房进行隔热改造和重新装修（平均每间房花费200万日元）。主屋的隔热改造和装修需要2000万日元，更新机器设备也需要2000万日元，加上买入不动产的4000万日元，总预算差不多1亿日元。

当然，我肯定没有1亿日元的现金。

对企业来说，财务报表的数字所表示的是盈是亏，都至关重大。谁都不想借钱给亏损的企业。更不用说在旅馆经营这样一个坏账堆积如山的行业，要银行对一家亏损的公司追加新的贷款，根本不可能。我们公司在大地震后通过精简组织，总算是让财务报表显示为公司处于盈利状态。

"1亿日元的资金,总会有办法的。"

依我经营公司二十多年的实际经验来看,这应该没什么问题。在当下这个阶段,购买不动产的资金已经准备好了,但其余的资金还不知道该如何筹措。斡旋房屋交易的农业协会说:"那家旅馆不管你如何拼命,都不可能转亏为盈。"当地的银行也表示:"我们不可能再给旅馆业放贷了。"就连我们在东京就一直合作的都市银行都说:"地方上的传统日式旅馆的担保价值为零,所以我们也不可能放贷给你们。"说真的,现在再回首当时,就会觉得自己行事仓促得可怕,可我当时就是一个劲儿地相信"一定可以经营下去的,一定会有资金的,总会有办法的"。

以原社长及其全家无偿为我们工作到8月底为条件,我签下了不动产合同。收购旧旅馆,这样的交接工作是十分重要的。要是没有做好交接,那么大个设施,可能都弄不清哪些东西究竟在哪里。

不可思议的是,从签约后的第二天开始,设备就接二连三地出现故障。不是客房突然没水,就是后院一下子喷出水来,要不就是温泉的水不够热……正估算着价格,又得追加新项,渐渐地,我们已经无法看到所有维修工程的全貌。到来8月中旬,似乎有种强烈的迹象表明,1亿日元的预算也不够用。

通常情况下,一般人都会暂时止步于此,重新检查所有的问题。更何况,旅馆的改造流程基本上需要三年——"构思一年,设计一年,施工一年"。一般来说,为了构思旅馆如何改造,都会"先试着营业一年看看",但毕竟现在我们每个月都要亏损200万日元,所以先试着营业一年就是把2000万日元拿来打水漂。

而且,这里是雪国。从11月末到翌年4月末,这里都会因大雪封锁,完全无法施工。冬天不仅要付巨额的暖气费,建筑物每年还会因雪灾而受到一些损坏。可以预见的是,如果不提前做好今年冬天的防护措施的话,我们来年春天的命运就如同前一位经营者一样。

签约后当地人告诉我,这家旅馆的某处位于特殊暴雪地带。我搬到新潟县也有九年了,雪国的暴雪有多大,我认为自己多少也有些概念,但没想到当地人异口同声地对我说:"比你想得大多了!"

对此,我半信半疑。直到某天看到一张照片后,我才明白他们当时所说的意思。13米高的主屋居然几乎全被埋进雪中!

"你看,这片土地四周小山环绕,像个小盆地。只有东边才有个开口,风从那边吹上来,西边落下的雪一遇到那儿来的风,就盘旋而下落到这儿了。所以周边的积雪有3米深的话,这里就有6米深,那边有4米的话,这里的积雪就有8米,真的好可怕啊,哈哈。"

于是,我打掉了部分陈旧的主屋及游廊,以确保有足够的空间让除雪机通行和堆积清扫后的雪堆。同时,我也检查了埋在地下的管线。

9月12日,冬季防护措施的第一期工程开始了。

我终于也打开了潘多拉之盒。

一直埋在地下的铁管到处都生了锈，自来水和温泉水都渗了出来。下水道的管道也破了，污水渗到了地下。就在施工进行到这里时，一台极其耗能的大型储水型锅炉也停止了运转。

"这得把埋的管线全都重新换一遍才行啊。"

铺设设备的工人喃喃地说。

没有退路的第二期工程开始了。

到了9月下旬，我只剩下两条路可选了：全面改造；或者扔掉之前的投资资金，推倒原有的全部建筑后将它变为空地。

投入的金额已经超过6000万日元了，并还在不断增多。要是全部改造，则是1个亿也无法搞定的大工程。不管是更换管道，还是在墙壁中放入隔热材料，都必须把墙壁砸掉。此外，为了解决客人投诉的"房间隔音太差"的问题，还要在天花板和墙壁中嵌进隔音材料……

设计是大工程，设计管理者也是必须要有的，所以我联系了经营专业酒店改造公司的大学时期的好友。这位出身大型建筑公司的室内设计师，带着施工工人一起来了。他看看被我翻出来的管线说：

"这很费钱的噢。1亿日元肯定不够，最低也是翻一倍的价格啊。"

是投资2亿日元，还是放弃？我苦恼不已。前社长开这家旅馆时，一泊二食的平均单价是8800日元。我接手之后修改了菜单,将单价调整到了12000日元。眼下要花的钱一旦超过2亿日元,那就又要大幅调整客单价了。再加上还要委托他人进行设计(Design),时间上的浪费可能更是致命的。

"很感谢你能找我来。但是最近这半年我都没空做新的项目。设计再紧急,动工也要等到一年之后了。这里的冬天又不能施工,所以等到完工就已经是两年后了。这种情况下,你资金方面没问题吗?如果想控制开销,要不试着自己做设计呢?你本来不就是设计师吗?"

我和这位朋友是武藏野美术大学设计系室内设计专业的同学。确实,我上学时,有做过空间设计的兼职,但是我并没有当职业室内设计师的经验。

"专业做旅馆和宾馆的设计师很少,所以不管你请谁来做,可能也是一样的答复。设计最少也要花半年时间,根据情况的不同,有时候也要花一年的时间。所以我想,岩佐你懂得经营旅馆,又了解这个建筑的构造,不如就由自己来设计,肯定又快成功率又高。"

刚好在这个时候,当地银行答复我们,愿意给我们贷款。

我多次对银行支行长说:

"现在,全国上下都在说'旅游业是今后重要的产业',但实际上又对我们说'旅馆是衰退产业',所以不给我们融资。我不是要新开一家有50间、100间客房的大旅馆,而是想恳请你们,给我们这家只有12间客房的旅馆融资,用来做改造的费用。要是真的觉得'旅游业是今后的重要行业''旅游业是成长型产业'的话,就请为了这家12间客房的新旅馆的将来,赌上一把吧！"

背水一战的情况下，突然让人看到一道希望的曙光。

"只能拼了！"

11月5日。再过一个月就要下雪了。为了节省成本、提高工程速度，我决心不再找承建商或建筑公司，而是直接预约了不同的工匠来做事。就这样，没有退路的第二期工程开工了。

旅馆是展示厅，也是实体媒介。

这次的改造，我们细分了工期，这样一来我们在工程期间也能够试营业。第二期工程主要是更换主屋的地板材料和窗框等。这次既然决定要"彻底改造"，舒适性自不必说，通过技术提高能源效率也是主要的一环。

2011年的大地震后，我造访了欧洲和新西兰等环保先进的国家，学习能源相关的知识。在那里，我深深地感受到，与我们平日生活息息相关又最为重要的环保措施就是"隔热"。现在，要怎么节约每月2000万日元以上的能源费，对我来说是经营上最重要的课题。

于是，在12月10日开始的第三期工程中，旅馆内进行了彻底的隔热改造。在部分屋顶上，我们还试验性地安装了新材料的融雪装置。此外，考虑到难得进行这样一次全面改造，我想趁此机会在这片建筑中加入各种各样的"提案"。

我时常在想，"旅馆可以成为当地及生活方式的展示厅"。旅馆本身就应该是一个实体媒介。通过旅馆去看、去感受、去品尝,在旅馆休憩、睡觉……和做杂志一样,可以提出各种各样的方案,确切地说,甚至比杂志还要多样。

比如说,我的目标是将这栋房龄150年的主屋打造成一个既有现代生活的舒适感,又有传统民居的踏实感的空间。一说起传统民居,通常人们都会觉得民居内的围炉和阶梯形衣柜是它的标准配置。而我刻意不把这类东西摆到旅馆中。究其原因,是我希望现在仍住在传统日式旅馆中的人们来到我们这里时,会发出感叹,"原来还有这种生活方式"。

我常听来鱼沼旅游的人这样说:"这里的街道真是无聊。要是能把更多的传统民居好好保护起来就好了"。

可是,当我听到没有住过传统民居的人喊"守护传统民居"时,多少觉得他们有些太过自我。为什么我会这么想呢?因为实际上住过传统民居的人,都会嫌弃那里又暗又冷,让人心情烦躁。他们心里想的是"这辈子总有那么一次,我要住进有木地板的房间里,躺在床上",或是"我想在适合放沙发并且有着明亮白墙的房子里住"。我的目的是想打造一个这样的空间——当地的老婆婆们到我们这里来玩时会问我:"这儿的柱子和梁和我们那破房子里的很像,难不成我们家也可以变得和这儿一样好看吗?"

要想守护传统民居,首先就要改变生活在这里的人的思想意识。我想让他们明白,他们的传统民居并非"区区破房",而是"能够让国内外著名家具更光彩夺目的强大空间"。所谓设计,绝不只是意味着形状漂亮、新颖。设计的本质是"改变社会的力量""能让生活变得更丰富多彩的力量"。设计,是解决问题和达成目标的过程。

12月29日，第三期工程结束，年末的试营业开始了。

这栋有10米多高的通风空间的建筑，到底能变暖和吗？屋顶融雪装置的燃料费要花多少钱？特别是主屋在脱胎换骨后作为接待人的大厅时，里面的隔热和暖气是否能见效，还是值得打个问号的。由于这一栋楼是木造建筑，又是传统民居，所以建筑物由内到处都是缝隙。因此我采用了高气密性建筑的做法，导入了通风隔热和空气循环系统。我尝试选用了四种热源，它们是电、灯油、柴、木质颗粒燃料。我们将根据具体的使用状况和不同的时间带选用不同的燃料。仅是接待大厅那栋楼，隔热·暖气的工程费就超过了4000万日元。可就算这样，还不能保证一定"能暖和得起来"。不仅是木匠，连负责水电、隔热、设备以及安装窗框的工匠们在施工时也一直说："这么大的传统民居，暖气会不会有效果，真的没法打包票。"

12月28日的深夜，水电施工终于结束，我们检查了暖气机的运行。

"成功了！"

宽广的空间逐渐变得暖和起来的时候，说真的，我眼泪都快掉出来了。也就在此时，投资金额已经超过1亿日元。

正在改造的样子和工程
进行到中途的纪念照片

Step 2 受挫～再启动

改造还是重建？

新年伊始，我们便开启了第四期工程。终于，我们要开始着手客房楼一半的改造工程了。

在鱼沼的冬天里施工是不可能的。不仅因为鱼沼到处都被雪覆盖，导致基础工程和外部装潢都不能进行，还因为到了冬天，工匠们都会去除雪或者到滑雪场打工，做一些"冬季工作"。冬天施工，不仅很难招到工匠，价格也必然偏高。即使如此，我也不能等到第二年春天再开工，因为我想先改造好一半的客房，试一试隔热、隔音效果能达到哪种程度。

当初改造客房楼的预算是2400万日元，但到了现在，我知道这点钱完全不够用。把所有房间都做好隔热，更换窗户，在增厚的墙壁里放入吸音材料做好上下左右的隔音，新建厕所和浴室，装上新空调等，估计光是客房楼的装修就需要1亿日元。

主屋是栋无法二次重建的传统民居。而客房楼则是一栋以"秘汤旅馆"为卖点的朴素建筑。别说隔热了，就连隔音处理都没有做。这里的隔音差到楼上楼下的说话声都能听得一清二楚，甚至楼上楼下的人可以一起讲悄悄话。

前文提到的朋友和木匠，以及其他的很多人都劝我"重建吧"。客房楼占地约300坪（990平方米），以1坪50万日元来算的话需要花费1.5亿日元，1坪60万日元的话就要1.8亿日元。倘若新建一栋楼，就可以自由地设计房间布局了，更重要的是所有问题都可以得到解决。总之从结果来看，比起改造，重新建一栋新房子要更"划算"。不过，我毫不犹豫地选择了改造，因为从垃圾处理的方面考虑，拆旧楼建新楼会产生大量的垃圾。虽说这栋房子用料简陋，但是很多木材还能使用，如果这样白白废弃，我会很心痛。

在主屋，也就是接待大厅的那栋楼里，我以"传统民居和现代家具""宽广的透气空间和暖气"的对比，来突出"新旧共存"的主题。而客房楼的主题则是"再利用"。我想做出一个提案，即"即使建筑简陋，也可以重获新生，再次使用"。

第四期工程预计在五一黄金周的前一天结束。届时，我想实际试用一下已改造完一半的客房。客房楼除了建筑的主骨架之外，墙壁、地板、天花板、设备都已全部换新，从它的外观来看，这就是一栋"新建筑"。不过，实际上它却是一栋改造过的木构建筑。和预期的一样，不管怎么做，震动噪声都难以消除。我们对墙壁、天花板、地板做了所有我们能想到的隔音、防音、消除震动声的方法，但不管怎样努力，楼上的震动声还是会传到楼下。就连开窗声也能通过柱梁传到楼下一层。加上整栋建筑的隔音效果和密封性的大幅增强，反而更有利于震动声的传播了。

和做杂志完全一样的"编辑"工作。

说真的,我也曾垂头丧气过,心想"要是当初听取了大家的意见,重新建新房子就好了"。但让人欣慰的是,顾客的反响极佳。

"请把这里当成自己的家,或是当成别墅一样,好好放松休息吧!"——这是旅馆和宾馆经常用的套话。本次的改造工程,就从重新定义这句话的含义开始。

有人在常见的宽敞日式房间内莫名地感到不舒服,可能是因为"平常"不在日式房间里生活吧。之所以在客房内用餐后腰酸背痛,也是因为平常没有盘腿坐坐垫或是坐无腿靠椅的习惯。

于是,我尽量把房间打造成接近现代生活的空间,并搭配了用起来方便的家具。每个房间的室内装修风格和家具都有些许不同。比如说,房间地板有榻榻米、原木、地毯三种材质。墙面是用调湿功能较强的梧桐木和具有杀菌效果的桧木做成的。我们放在客房和公共区域的家具,也是在日本旅馆、宾馆里少有的高品质。当然,在日本全国各地,使用好家具的旅馆很多,但这些基本上都是一泊二食均价5万～6万日元的有名旅馆。据我所知,在其他2万日元左右价位的旅馆里,没有任何一家旅馆的家具品质能比得上我们。

住宿设施的经营者看到这些家具,一定会惊讶地说:"不是吧,真的有必要用这么贵的椅子吗?""用复刻家具就够了吧"。为什么我要用"正品"家具呢?原因依然是我觉得"旅馆是生活方式的展示厅"。

我们在餐厅内摆放了20多种不同的椅子，这样一来，客人们就可以选择坐在自己喜欢的椅子上就餐。在客房里我们也摆放了各式各样的椅子和沙发，就连床和床上用品也是我们精挑细选出来的"推荐物品"。总而言之，我们将这家旅馆视为实体媒介，如同编辑杂志时，打造《坐感出众的椅子》及《舒适入眠的床》的专刊一样。而且，这些东西几乎都可以买到。这家旅馆，是媒介，也是展示厅，同时也是商店。

相比超出3亿日元的支出，住宿费可以压到多低？

从6月开始，我们封锁了旅馆全馆，进入了工程的收尾阶段。工程的内容主要是改造剩下一半的客房楼，转移入浴楼，新建露天温泉，改造旧的入浴休息楼，新建停车场，整顿玄关周围……原本打算将日归入浴休息楼改造后就直接营业了，但是因为管线的损坏很严重，再加上温泉的蒸汽的缘故，房屋的柱和梁都有了致命的损伤，安全起见不得不先拆掉入浴楼。最终我们确定，为了完成这些工程，总支出达到了3亿日元。

仅有12间客房的旅馆的投资额高达3亿日元，这样的金额放到现在也鲜有人会相信。一般来说，宾馆的改造费用差不多是每间客房100万日元，就算换掉客房内的卫浴系统也是200万日元。而我们的花费却多了一个0。因为整栋楼除了骨架以外，其他部分都已无法使用，此外还必须做好预防暴雪的措施。同时，我们想"要做就做彻底"。

当然，现在的房费不可能和以前的一样了。

在当时，我们还是以旧旅馆的名字营业。我们试营业的时候慢慢地上调了价格，但一泊二食也不过是15800日元。照这种这种价格卖下去，我们完全还不起贷款。虽说如此，如果像人气旅游地区的高级旅馆的典型定价那样，将一泊二食定为5万日元以上的话，我们也有抵触。

不过我想在此说明，为什么有的地方一泊二食就能定价5万日元以上。通常，入住高级旅馆和宾馆的都是2位客人，就在不久前，旅馆看重的指标终于不是"客房入住率"，而变成"客房容纳率[1]"了，以"每2张榻榻米[2]1名客人"计算。也就是说，10张榻榻米大的客房里需要5名客人入住。旅馆的客房面积一般都有10~12张榻榻米大，所以需要入住5~6名客人才行。但是，如果只有2名客人住的话，即使客房入住率达到了100%，客房容纳率也只有33%~40%。反过来看，面向团体客人的旅馆如果一泊二食的定价是1万日元的话，他们会希望2人1室可以卖到3万日元。如果旅馆会提供相应的服务和餐饮，并且一泊二食定价2万日元的话，2人1室则期待能卖到6万日元左右。

其实还有另一种算法：高级旅馆通常将100平方米的房间分为3间10~12张榻榻米大小的客房，以客房容纳率计算的话则需要15~18名客人入住。也就是说，假如用一泊二食价格以每人1万日元计算的话，这个房间的销售额要达到15万~18万日元。

---

1. 用一定期间内的住宿人数除以该期间内的房间可容纳总人数得到的数值，用百分比表示。
2. 1张榻榻米的面积是1.6562平方米，2张约3.3平方米。

所以如果只有2名客人入住时，每人一泊二食的价格最少也需要8万日元左右。这就是为什么有些地方的旅馆一泊二食的定价在5万日元以上。

所以，很多传统日式旅馆的心态是：反正我们定的价格本来就比"期望"的金额要便宜许多，所以内部装修用便宜货、房间内摆无版权的复刻家具也是没办法的事情。当然，在这种情况下，再怎么精心准备餐饮，也是有极限的。

可能有很多人会问："那么改成酒店如何？"或是："改成商务酒店的话，花费不是会更便宜吗？"

酒店和旅馆的不同，简而言之，旅馆既是设备产业，也是劳动密集型产业。小规模的城市酒店也是劳动密集型产业。不过一旦酒店规模扩大，且变成商务酒店的话，就有可能脱离劳动密集型产业的形态。总之，考虑到利润，比起单价高的旅馆，低单价的大型商务酒店的利润更高。

接着计算一下便一目了然——小规模的旅馆，向双人间的2名客人提供高品质的料理和服务的话，一泊二食的单价最低也需要卖3万日元。如果想让服务再稍微有特色点，就需要卖5万~6万日元。要想房间内全部都采用正品的话，定价就会涨到10万日元。

近几年开业的高级旅馆的定价基本都在5万日元以上。但即使如此，还是有不少人觉得这些高级旅馆的"室内装饰太廉价""餐饮还差点意思"。会让人产生这样的感觉的原因在于，这种高级旅馆"本想卖10万日元，可要是真的卖10万日元的话，就没客人上门了。为了调低房间的定价，我们只好从别的地方削减成本了"。

那么，我是怎么考虑的呢？

为了压低房间的价格，我想的是"把公共区域弄得更舒适一些，这样房间面积就算只有40平方米，也能营造出十分舒适的空间"。

本来，早期的旧旅馆的特征就是公共区域很多。比如，旧旅馆里有可以同时接纳多个团体的大厅、大宴会厅、中宴会厅、会议室、卡拉OK、游戏厅等。我们承接下来的旅馆也是如此，虽说只有12间客房，但整栋楼的占地面积有约6600平方米（2000坪）。客房仅40平方米（约12坪），但如果把公共面积也算进去，每间客房的面积可以达到约544.5平方米（165坪）。当年这家旅馆建立之时，是以团体客人为目标消费层的，因此宴会厅比较多。现在，我们不再以团体客人为目标消费层了，也不再需要宴会厅。

在全面改造旅馆的时候，把2~3个房间合并成一个房间是常见手段。但这次改造时，我基本上保留了这些客房的原有面积。因为，如果客房面积扩大，客房数减少，我就无法在用餐、家具等这些我最想让客人们亲身体验的地方花钱了。

在我们看来，比起宽阔的客房、豪华的食材，最为重要的是旅途中收获的感动。

即使在日本也屈指可数的露天温泉诞生。

7月1日，住宿专用的入浴楼的移建工程开始了。

把建筑物从地基上顶起来，利用铺设的轨道将建筑往东移动约25米。我们之所以要移动入浴楼的位置，最大的理由是为了避免建筑受到雪灾影响。原本入浴楼建在离住宿楼只有5米的地方。采取这种建筑布局，是因为之前采用的建造方式让地皮已经快不够用了。不过，这可是在深山老林里。要是站在客人的视角上去看，他们肯定会想："为什么这两栋楼要靠得这么近？"一旦打开客房的窗户，就会看到隔壁入浴楼的墙壁赫然耸立在眼前。

而且，这里每年都会发生"雪灾"。客房的窗户会被积雪掩盖，其危险程度一目了然。栏杆和屋顶的各个地方也都被积雪压坏，要想从根本上解决积雪带来的问题，只能向邻地借地，拉开建筑之间的距离。

于是，我们在买下旅馆之后，为了借地立马与邻地所有权人交涉。但在此时，我们又发现一个不得了的事实——露天温泉早已越界到邻地了。并且，连净水槽、停车场也分别越界到不同的土地所有权人的地皮上了。

"这种事情在乡下，特别是在山里很常见的噢！"当地人如是说道。而来自都市的我们却格外震惊。

移建入浴楼还有另外一个原因。

原本，露天温泉四周环绕着杉树林。虽然"森林温泉"也不错，但我根据当地地形图判断，如果砍掉这些杉树，眼前极有可能是一片美不胜收的景色。

在移建工程开始前，经过所有权人的同意，我们决定砍掉这片杉树林。随着杉树一棵棵地倒下，原本郁郁葱葱的森林逐渐变得明亮起来。砍伐了一个星期之后，远山的轮廓终于映入眼帘。

"哇，好棒的景色！"

从露天温泉的移建地看到的美景自不必说，从客房眺望到的景致都有了戏剧性的变化。这种环境的巨变，足以让之前见过旧建筑的人惊叹"难以置信"。

展现在正前方的是以日本百岳名山卷机山为首的山群，海拔2000米左右的山脉重峦叠嶂，一眼望过去，住户、道路、电线等都不见踪影，了无人迹。

由于我们把入浴楼移到了平地的最前面，也就是最靠近山体斜坡的地方，因此这里成了全日本屈指可数的、坐拥绝景的温泉。后来，经过电视资讯类节目、广播、杂志等媒体的报道，这里也被选为"日本第一绝景"。特别是在能看到卷机山残雪的5月至6月上旬以及山顶存有厚积雪的11月下旬至12月，这里的景色之美难以言表。

为了让顾客在客房里也能享受到这般美景，我们在能看到山景的所有客房里都设置了露天温泉。我们不是所谓的让客人"闭门不出"的旅馆，不过，像这样坐拥绝美景色，并附有露天温泉的客房是不多见的。连续好几天在客房工作的客人，在遇到瓶颈时，可以扑通一下赤身跃入温泉水中；客人想要沉浸在书的海洋里时，单手持书即可立马跳入露天温泉里……我们的露天温泉要是能带给大家这样的体验，对我来说就足够了。

用一句话表达我们的想法就是重新定义奢华。

2013年8月下旬，我们终于决定好了旅馆的名字。

"里山十帖"。

意思是"从里山开始的10个故事"。

在这里,我们加入了经营旅馆之前就办过的种田、收稻等农业体验活动,也在这里举办了雪地徒步(snow trekking)、登山滑雪(backcountry tour)等雪山体验活动。"晴耕雨读之乡"的设想,也是为了充实这种体验而产生的。

"想有更实体化的媒介"。

这是我们的远景,也是我们的使命。

当然,这里的故事并不是只有体验活动。只要走到旅馆外,就会发现远离人烟的风景是如此的宽广美丽。到了晚上,抬头望去,天空中的银河清晰可见。在这里能感受到的美好如天空中的繁星一样多。

用一句话表达我们的想法就是"Redefine Luxury"。重新定义奢华。

在物欲横流的日本,面积宽大的客房、豪华食材已不是必需品了。更别说大屏幕的电视机和DVD播放机了,它们早已不是必需品。

在里山,四季分明,各种故事在此上演,自然环境丰富多彩。这里有耐得住大雪的漆黑发亮的梁和柱,有能和传统民居和谐共存的世界知名设计家具,有能激发起创作力和创作欲的现代艺术。除此之外,还有能感受大自然强大生命力的食物……

看、嗅、听、感受、眺望、坐、休息、吃、饮、睡……

我们认为,这些体验和发现,才是真正的奢华。

露天温泉的工程来不及完成？

我们决定在5月——这个地区最美的时节里盛大开业。不过，我们还是想在正式开业前先试营业一段时间。虽然在2012年的冬天，我们也试着营业了一段时间，但那个时候旅馆的设施几乎和我们接手前的一样，并没有什么变化。这次，旅馆的改造工程已经全部结束，我们想以少量的客房试着营业一段时间，看看改造后的旅馆在冬天会不会有什么问题发生。

这次试营业的初次营业日定在2013年10月19日。我们在一个月前的9月19日，开了一次会议。

在会议上，旅馆业的同行说："露天温泉无法按时完工。"

我们正在把入浴楼移建到能看到绝美景色的地方，而工程进度却落后了。因为今年的雨水很多，工程难以进行，不断被推后。结果，我们也不得不延迟试营业的时间。

试营业的初次营业日重新定在11月2日。即使如此，工程完成得也很紧张。不管接待大厅和客房楼完成得多么好，只要露天温泉没有修好，我们就无法接待客人。但时间不能再拖下去了，11月有连休假期，我们已经收到了不少预定了。

试营业前的最后一个月，那段日子哪怕现在回想起来也让我胆战心惊。我尽量取消了所有的出差和采访，连续好几天早上8点（有时候早上7点）就和工匠们碰头，检查每天的工程进度……

到了10月30日，露天温泉终于完工了，温泉池里第一次有了温泉水。此时，距离试营业日还有3天，可以说我们是以滑垒的方式安全上垒。

11月2日,"里山十帖"正式开始试营业。在12间客房中,我们规定一天只接受6间客房的预定。为什么只开放6间客房的预定呢?原因之一是我们的服务人员还不够熟练,在所有服务人员里,只有一人有在旅馆、宾馆工作过的经验。虽说在开门迎客前,全体服务人员都接受了相关培训,但几乎所有人都是新手,一口气开放12间客房让他们提供服务,说不定会出现服务不到位的情况,让客人不悦。

还有一个非常重要的问题——我们没找到理想的厨师。

这一点我将在后文详述。当时,我们的目标并不是提供一般的"传统日式旅馆料理",而是一种"新形式的自产自销料理"。把我脑海里的设想转换成语言来说,大概就是"自然派日本料理"吧。然而,我一直找不到和我有共鸣的主厨。

没有厨师也可以营业!

我在对旅馆经营者演讲时常说,"或许不能立马改变住宿设施,但是只要经营者有心,明天就可以把菜换了"。这并不是劝他们换掉厨师,而是想说明,通过经营者和厨师密切的沟通,就能实现料理的升级变化。我还说,如果经营者觉得直接和厨房沟通是一件非常困难的事情,可以委托我们这样的公司提供咨询服务,保证能立马奏效。

"里山十帖"没有厨师。如果我所说为实,"我们可以为他人提供咨询服务,那么我们自己也一定能开发出新的菜单"。我想,现在这种状况正是一个可以用来自我证明的大好机会。

再加上我们公司里有很多喜欢做菜的人，他们从以前开始就轮流做员工餐给大家吃。所以我们决定，旅馆试运营的时候由自己的员工掌勺，这样也不用着急找厨师，可以一直等到理解我们的餐食理念的厨师出现。

我们当时提供的餐食是这样的：

"前菜：蔬菜冻佐胡萝卜慕斯柔柔、烤新潟和牛、佐渡产安康鱼冻、菊花拌甜醋"；"早苗飨风味的意式火锅（Bagna Cauda），使用白味噌的特制酱料"；"白萝卜糕千层（Millefeuille）"；"早苗飨特制豪雪锅"；"'自游人的餐桌'的时令小菜"；"南鱼沼产越光米、味噌汤、腌菜"；"洋梨芭菲加蜜饯、绿茶戚风蛋糕"。

早苗飨是插秧结束后，为祈求丰年、感谢来帮忙插秧的人而准备的飨宴。"里山十帖"的餐厅也以此命名。在这个时节，料理的主题是"展现冬季蔬菜和雪国的饮食文化"。说起雪国冬季的蔬菜，其实也只有根菜，如白萝卜、胡萝卜、大头芥、薯类等。我们最大的课题是如何用这些蔬菜做出各种让人百吃不厌的料理。

我们的白萝卜保存在暴雪地带特有的、使用天然雪制成的"雪室"里。这些白萝卜将在白萝卜糕千层、蔬菜果冻、意式火锅酱、味噌汤配料中作为配料粉墨登场。同样保存在雪室里的胡萝卜也将出现在蔬菜果冻、蔬菜慕斯、意式火锅酱、豪雪锅、时令小菜中。可以说我们这份菜单就是根菜菜单。

让我来为大家介绍其中几道备受好评的菜吧。首先是"蔬菜冻佐胡萝卜慕斯柔柔"。这道菜需要用保存在雪室里的胡萝卜做成慕斯，再配上用多种根菜煮制而成的冻来吃。蔬菜冻听起来很简单，但熬制汤汁所用到的蔬菜数量，任谁看了都会惊讶："居然用了这么多的蔬菜！"而"胡萝卜慕斯"则几乎完全去除了小孩子不喜欢的胡萝卜的涩和特有气味，吃起来格外甜。我们经常被顾客问这道菜"真的没有放砂糖吗"。其实，吃起来这么甜，是因为我们使用了有机栽培的高品质蔬菜。这道菜全靠蔬菜的味道，虽说肉眼看上去没什么稀奇的，但实际上制作成本相当高。

"豪雪锅"是我们自己构思出来的一道锅料理。把当地的名酒"鹤龄"大吟酿的酒糟加到用大头芥、冬瓜、胡萝卜等煮烂的汤汁里，再往里面放入象征雪的各种素材，让人食用时能感受到味道的无穷变化。首先，尝一口加入酒糟的汤；再倒入雪白的芋头浓汤，让锅里变成一片银白色的世界；接着，像下雪般将白萝卜泥撒进锅里；最后再撒上炸得酥脆的碎米饼，一幅雪景就此诞生。有人"喝不惯加了酒糟的汤"，但说到底那是因为喝到的酒糟的质量都很差。如果使用品质好的酒糟，绝对会产生令人惊讶的美味，让很多原本讨厌酒糟食物的人也都能吃这道菜。这道菜很适合做日本酒的下酒菜，因此深受日本酒爱好者的青睐。除此之外，我们还把"鹤龄"的酒糟加到自创的芝士蛋糕里，当成迎宾甜点。

最受欢迎的要属"白萝卜糕千层"。我们把保存在雪室里的白萝卜拿出来用大量高汤炖煮入味后，再把它夹在用米粉和白萝卜泥香煎成的白萝卜饼中间。

这些菜受到了95%的顾客的好评。在调查问卷中也有许多评论提到我们的料理，例如"这道菜我期待已久""很多旅馆提供的尽是豪华食材做成的菜，吃了会长胖，而且我已经吃腻了""为什么以前没有这种旅馆呢"。

已成为"里山十帖"代名词的绝景露天温泉。可眺望远处的卷机山。

Step 3

成功的征兆

新年里，期待已久的相遇。

2014年1月1日，"里山十帖"迎来了试营业后的第一个新年。这天晚上，在捣年糕活动结束后，我有了一次邂逅。近半夜12点时，有位男子独自坐在柴火炉前看书。此时，我正在进行馆内的最终检查，刚好路过他身边时，被他叫住了。

"请问可以打扰您一下吗？"

"没问题，请问有什么事呢？"

"我看到杂志上说你们正在招聘厨师，请问现在还招人吗？"

"对啊，还在招人呢。"

"我现在在金泽开餐厅，不过我对你们这里非常感兴趣。今天和家人一起来玩，也考察了一下这个地方。吃了你们做的菜，我感觉我想做的料理在这里或许都能够实现。我希望蔬菜料理能大放光彩，一直在寻找能够实现这个目标的地方。所以，可以让我应聘厨师吗？"

"当然可以。请问您开的是一家什么样的餐厅呢？"

那一天，我们坐在柴火炉前聊了近30分钟。

等我前往这位男子的店里时，已经是1月

23日。他的店位于金泽的市中心,伫立在一条餐厅林立的小道上。当我看到这家店的外观,并钻过门帘进去时,心中大概就有了判断,这家店的气氛也让我心中浮现"就是他了"的感觉。实际上,步入店内,可以看到精致的室内装修搭配着许多精美的日用器具和小物件。我坐在吧台,一边吃饭一边同他聊天。端上来的饭菜绝不是什么华丽之物,也不是什么标新立异、夺人眼球的东西,却能让人看出来他精湛的厨艺。不管哪道菜都非常好吃,让人感受到厨师的稳重大方。

我一边吃菜,一边"采访"他,问了许多问题。比起他做的菜,我对他奇特的履历更感兴趣。他毕业于国际基督教大学,毕业后跑到了京都一家获得关西米其林三星的料亭"吉泉"应聘。

"为什么选京都的吉泉呢?"我问。

吉泉是京都的名店,因烹饪技术高超而广为人知,所以在那里学习厨艺想必十分辛苦。

"说到做菜,我第一反应就是京都。既然选择要去京都,那我就要去京都最有名的地方学习。"

听到这话的我心想:"这家伙可真有意思。"老实说我当时也在心中哈哈大笑:"太有个性了!真是太好了!"他在吉泉学了5年的厨艺后,刚好赶上了名扬京都的创意日本料理[1]"枝鲁枝鲁"在金泽开设分店,他受邀担任金泽分店的厨师长。于是,他终于实现了长久以来的愿望,在故乡金泽有了一家自己的店。

---

1. 原文为"くずし割烹",指既保留了日本料理的传统要素,又不拘泥于既成概念、固定概念的创意料理。

我坐在吧台，几度问他："真的要把这家店关了吗？你可是有家庭，还有小孩的人。"

他对我说：

"没关系的。我想站在新的舞台上，所以我一定要去'里山十帖'。至于其他的顾虑，我接下来会和家人一起商量的。"

之后我们也联系过几次。就这样，我们决定让这个男人成为"里山十帖"厨师。

就职当天是4月3日。

北崎裕，41岁。

为何无法摆脱旅馆料理？

在"里山十帖"，没有"厨师长"这个职位。取而代之的头衔是"食物创意总监"，意思是他不仅会烹饪，还必须有创意。

餐饮业的各位或许会觉得："厨师本来就应该具备这些能力，有必要刻意冠上这种头衔吗？"我认为，在把"旅馆料理"视为理所当然的旅馆业里，这样的头衔十分重要。

那么，传统日式旅馆特有的"旅馆料理"是怎么形成的呢？

旅馆是设备产业，也是劳动密集型产业。以此为前提，站在经营者的立场上考虑就能明白，只有厨房的人工费和餐食是可以弹性调整的。而且在旅馆，不仅要向客人供应晚餐，还必须提供早餐。旅馆的早餐要从6点开始准备，等到晚餐供应结束时已是晚上10点。从早到晚的连续劳动是高强度劳动,若换成轮班制,用人费用又会大大增加。

此外,传统日式旅馆还有一点很特殊,就是"一次要向大量的客人提供服务"。

说到旅馆料理最典型的菜单,无非就是一些用半成品和成品制作成的前菜、快要干了的生鱼片、茶碗蒸蛋之类的蒸菜、用固体燃料加热的陶瓷板做的烤牛排和小火锅。这些都是为了能"减少厨师""缩短劳动时间""一口气上菜"而用的各种各样的办法。

比如,茶碗蒸蛋可以先放在蒸笼里,刺身之类的全部切好装盘后直接放入冰箱冷藏,把切好的牛排直接放在陶瓷板上做好准备,其他常温的食材就直接在厨房台面上一字排开……也就是说,在晚餐开始的时候,厨师的工作已经全部结束了,剩下的,只需要给天妇罗裹上一层面衣放入油锅里炸就可以了。反正又不是什么东京的名店,就算是让兼职员工来做也能炸得出来。

当然,最近很多旅馆经营者在处心积虑地"摆脱旅馆料理",大概渐渐地有了一些变化。但出于现实的考虑,经营者们无法摆脱常规思维,导致他们"虽然知道这样做不行,但是无法改变"。

"里山十帖"的客人们经常问我:

"你们厨师是从哪里找来的?怎么找到的?"

很少有厨师愿意来传统日式旅馆工作。要找一位厨艺高超的厨师更是难上加难。大部分拒绝在传统日式旅馆工作的理由

很简单:

"我没办法兼顾早餐和晚餐。"

"一口气大量上菜的话,无论如何都得做'旅馆料理'或'宴会料理'。"

"继续做旅馆料理只会让我痛苦。"

我的目标并不是做"旅馆料理",而是一种自产自销的、全新风格的"自然派日本料理"。如何做到提供两餐,但是又能实现"脱离旅馆料理"呢。在试营业期间,我们通过实际运营和做菜,得出了一个结论——

"把做早餐和做晚餐的员工彻底划分开,让做晚餐的员工专心做晚餐。"

"虽说我们是仅有12间客房的旅馆,但要想端上让人满意的菜,必须采用两班轮班制度。"

我想北崎最终决定入职"里山十帖",也是因为我明确提出了这个作法的缘故。或者说,是因为他在我们旅馆试营业期间吃过晚餐和早餐,感受到了我们"摆脱茶碗蒸蛋与固体燃料"的强烈意愿。

每道菜都由野菜做成。

北崎作为食物创意总监加入我们时,离"里山十帖"正式开业还有一个半月左右。虽然来不及让菜单上所有的菜都呈现出北崎的风格,但我们依旧把如何呈现他的风格特色当成最大的课题。

正式开业是在5月17日。群山的残雪闪闪发亮，里山被新绿包围着，到处都是刚发芽的野菜。5月中旬是"里山十帖"周边最为美丽、最能感受到生命的跃动感的时节。

野菜可以说是里山丰饶程度的晴雨表。最近几年，西日本地区因遭受鹿、野猪及果子狸等野兽之害而受到破坏。所幸的是在雪国新潟，这里的自然环境对野兽们来说非常严峻，既不适合四肢纤细的日本鹿栖息，也不适合胖墩墩的野猪生存。因此，在这里可以采摘到各种野菜，感受大自然的丰硕。

而且，对于长达半年都因大雪封山的雪国来说，野菜是珍贵的食材和资源。正是有了当地人的珍惜，才有了这些资源。先不说旅馆的后山里有什么，就连我们旅馆的土地上都冒出了许多野菜。

我告诉北崎，我希望从头到尾的每道菜都由野菜构成。

于是，北崎每天进出山里，陆续研发出了各种新菜式。比如有一道菜使用了黄瓜香。黄瓜香一般都是在嫩芽刚刚长出来卷成球形时，把叶子最前端的部分摘下来吃。但是某天，北崎发现，黄瓜香的新芽刚刚长开的时候，嫩叶的部分有吃起来有种软绵绵的口感。

"这个吃起来怎么样？"

黄瓜香别名荚果蕨，是一种蕨类。放在我眼前的怎么看都是一盘蕨菜。

"我试着只摘黄瓜香新芽最尖的部分，做成沙拉后吃起来软绵绵的，真有意思啊。"

恐怕没有人吃过叶子长开后的黄瓜香吧。这时，我们厨房的另一位员工讲话了。她学习过阿育吠陀[1]，也是一个有着离奇经历的人。

"如果把它和大豆泥拌在一起，口感会变得更加软绵绵的吧，我觉得很有趣。"

于是，用黄瓜香做成的沙拉"软绵绵"就这样诞生了。

某天，北崎又说：

"每天用野菜做菜的时候，会把芹菜的根或者各种野菜的皮扔掉吧。我觉得挺浪费的。"

北崎所言极是。芹菜根含有药效成分，我也一直觉得丢掉它们很可惜。第二天，他就在厨房里做了一种类似意大利青酱的东西。

"尝尝味道吧。"

我立刻尝了一口。那是一种味道十分浓郁，充满大自然气息的酱汁。我灵光闪现：

"把这个做成意大利面的酱汁如何？啊，那顺便把意大利面换成片木荞麦面怎么样？"

片木荞麦面是鱼沼当地有名的食物。"片木"其实是装荞麦面的容器的名字，荞麦面本身又被称作"赤菜荞麦"。赤菜是一种海藻，在打制片木荞麦面时加入赤菜可以增加荞麦的黏性。在红白喜事时经常能吃到这种荞麦面，它的特征之一就是使用赤菜后，荞麦面不会失去弹性，也不会变坨。

---

1. 阿育吠陀：Ayurveda，一种在全球广泛流行的养生疗育理念，据说源自古印度。

"我马上做一份看看!"

15分钟后,一道拌着野菜酱汁的片木荞麦面便端了上来。大家试吃后都惊呼"真好吃!"这道菜也就成了"里山十帖"的招牌菜"野菜酱片木荞麦面"。

其他的菜还有"雪椿雪葩""佐渡冲鲜鱼和山椒叶的酱油腌菜"等。运用北崎的创意和厨艺、女员工和我的主意,结合鱼沼大自然的丰富物产,我们创造出了各式各样的菜肴。

旅馆一年的旺季不到100天。

5月17日,我们终于迎来了"里山十帖"的盛大开业。

最终,我们的总工程费用已经超过了3.5亿日元。用预设的"一泊二食"的单价倒推,年平均客房入住率要达到60%以上。像是伊豆·箱根那种有名温泉地姑且不论,若是在新潟·大泽山温泉的话,60%可以说是"不可能"的数字。

实际上,在去年试营业的10月,所有工程几乎都完成了,只需我们付款给施工人员。然而那个时候,答应贷款支持我们的银行却发出了一个让我们难以置信的通知。

"你们的商业计划书,不管怎么计算都不可能成功实现目标的。套用新潟县任何一家的客房入住率和客单价去计算,这份商业计划书都不可能实现。岩佐先生,您说一定能赚到钱还上贷款,但是现在的预算已经比当初预估的还要多。本来风险都非常高了,您不仅不管,还超了预算。根据电脑分析,就算我们银行能依您希望全额贷款给你们,开业不到三个月,你们就会面临资金短缺的问题。也就是说，你们还不起贷款，会给银行开空头支票。既然我们已经知道会有这样的结果，那就不可能再贷款给你们了。目前为止给你们的贷款，如果一分钱都收不回来，那我们也只能自认倒霉。但是，请恕我们无法再提供用于竣工结算的资金了。因为就算贷款给你们，你们也会破产，破产之后这笔钱就无法要回来了。接下来我想我们应该来具体探讨一下，你们应该怎么整顿自己的公司吧。"

如果不能结清工程尾款，我们就无法开业。在这种走投无路的时刻，我无法用语言去描述我们面临的危机。支付工程款的日子近在眼前，而我手头却无分文。一旦还不上贷款，一切都玩完。我恳请施工人员延长工程款支付期限，与此同时，我将自己所有的个人资产都变卖了。不用说，我也找亲友借了钱。到了4月末，终于勉强结清所有的工程尾款，努力赶上了开业。

资金的问题总算是解决好了，但是正式开业后的几个月又出现了新的问题。当然也是因为我自己相信"一定能达到客房入住率目标"，而银行说的"套用新潟县内任何一家旅馆的客房入住率和客单价计算，都不可能实现""3个月以内一定会破产"之类的话又实在太过沉重，让我连续失眠了好些天。

全国的旅馆和宾馆的客房入住率是66.3%（数据来源：日本观光厅《2013年民宿旅游统计调查——员工人数10名以上的设施》）。但是，如果从中剔除城市酒店等，仅看传统日式旅馆的数据的话，客房入住率只有50.3%。城市酒店的客房入住率和旅游地区的温泉旅馆的客房入住率有很大的差距。

在一个星期中，城市酒店从周一到周五都有客人上门。而且到了双休日，城市酒店还会被用作结婚典礼的场地。可以说城市酒店一年365天，天天都是旺季，这话一点也不过分。而传统日式旅馆的旺季，在一个星期里却只有周六。

大家总觉得休息日就是"周六周日与节假日"，但是对旅游地区的旅馆来说，客人光顾的时间也只有周六和节假日的前一天。即使是节假日，要是这一天的假日只是夹在平日里的一天，客人就很难请到假，那么这一天对于旅馆来说也是淡季。总而言之，对于旅馆而言，一年的旺季只有50天的周六、7天的过年假期、7天的黄金周以及7月20日至8月20日的31天的暑假、秋天4～5天的银色周，加起来还不足100天。剩下的250天都是让人无可奈何的，只能靠自己想办法的淡季。

想让客房入住率达到60%，一年100天的旺季里就要连续满房。并且剩下的250天里，每天的客房入住率必须达到50%以上。看看新潟的旅游统计资料就能知道，冬天的客房入住率还不错，但除了8月以外，在4月至11月这一期间，可以说几乎没有人来新潟旅游。尽管如此，在"里山十帖"的商业计划书中，滑雪客并不是我们的主要目标顾客，我们反而预计在4月至11月这种生机盎然的季节里，客房入住率会比冬季更高。但是一般就常识来说，在这样的季节里，要想在工作日吸引顾客上门，"只能把主要目标锁定在退休人群身上"。可是，正如之前所讲的那样，我们的目标顾客是创作者，以及在商业第一线工作的人群。

根据数据，我们被银行评价为"太鲁莽""解释说明都毫无依据"也是情有可原。

开业的当天晚上，我和工作人员简单地举杯之后，走到了摆满花篮的大厅，抬头看着头上宽阔的通风空间。

"好多粗大结实的梁啊……。"

我脸上一直在笑，此时心情总算平静了下来。

开业初期的平日入住率为30%，并徐徐上升。

旅馆在盛大开业时，一般都会在预约网站、电视、杂志等渠道大力宣传。虽说我们只有12间客房，但也需要一定程度的宣传。更不用说新潟大泽山温泉这样不出名的地方，更是需要费心宣传。可是，上面提到的那些宣传我们一种也没有做。

那是因为，我们优先考虑的，并非针对不特定的多数人群进行宣传，而是想应该如何孕育"共鸣圈"。

现如今不仅有电视、杂志这些传统传播渠道，还有脸书（Facebook）、照片墙（Instagram）、推特（Twitter）、博客等各种各样的社交媒体。

"只要让对我们旅馆产生共鸣的人来住一晚，那么信息绝对能扩散出去。"

"为了避免旅馆打造的概念和客人不匹配，我们希望那些真心觉得'真不错'的客人来住。"

对不特定的多数人群进行宣传的话，或许一开始在起步阶段有很高的客房入住率，能赚到钱，但也有可能导致旅馆目标和实际来店客人的不匹配。毕竟一泊二食就要3万日元左右，我们希望住在这里的客人能带着"真不错"的笑容踏上归途，然后将这份感受传递出去……

我们虽然拥有《自游人》这一杂志媒体，但我们绝不认为光是凭借杂志宣传就能让客房满房。我们想请杂志的读者过来住上一晚，再通过读者宣传出去，扩大宣传范围。

正式开业的时候，客房入住率的数字非常难看。虽说周六都是满房，但是在平日几乎没有人预约房间。平日的客房入住率大约只有30%。

"60%的平均客房入住率，难道真的没办法达成吗？"

我的焦虑与日俱增，绝望仿佛支配着我所有的情绪。但在另一方面，我开始看到了希望的曙光——

那就是客人的评价。

"我一直在等这样的旅馆出现。"

"真的舒适得像是待在自己家里一样，啊，不，这里比自己家更让我放松！"

"我第一次吃旅馆提供的菜吃得感动。"

"迄今为止，我从来没有住过这种风格的旅馆，这里真的很让我惊讶，当然我也非常满足。"

……

很多客人在回去之后在博客、脸书、照片墙上写下自己的体验，我切实地感觉到"共鸣圈"在一点点地扩大。也有很多客人在回去的时候会预约下一次的住宿时间……这些都成了支撑我心灵的希望。

到了6月下旬，很多杂志、电视、广播电台等多家媒体都报道了我们。这绝不是因为我们觉得焦虑而自己去找媒体做宣传，而是因为来我们旅馆住过的杂志总编、旅游作家、随笔作家、料理研究者都向大家推荐——"那里是个好地方!"

我们早已习惯了采访别人,但是在被采访时还是略微有些生疏。被采访之后我才发现,原来被电视、杂志这些媒体采访是一件如此快乐的事情。看到别人博客里提到我们时,我也一样开心。正是靠着这些支持、鼓励我的话语,我才有了继续前行的勇气。

让我感受到"共鸣圈"正在扩大,是在6月下旬的时候。在这段时间里,客房预订量每天都在不断增加,而且我们经常在1天内接到12个以上的预定。也就是说,以预定的天数为基准去计算的话,我们的入住率已经超过100%了。

以预定天数为基准的入住率,是实际客房入住率的先行指标。开业3个月后,也就是到了8月,"里山十帖"的客房入住率已经达到了92%。

让"里山十帖"成为超越杂志的"共鸣媒介"。

虽说如此,我们还是不可能满足所有客人的需求。我们的目标是,让旅馆成为一本实体杂志,也就是能够提供一个体验的场所。

一般的旅馆并没有"限定客人"。当然每家旅馆都明确地有自己的目标顾客,但是基本上还是在考虑"要满足所有的客人"。有不少旅馆认为,问清并实现客人的所有要求,就是"待客之道"。

也就是说,不仅是广泛的目标顾客层,这些旅馆还要满足不是原本目标的顾客。如此一来，就会变成软体动物般没有主心骨。这样的做法正是日本旅馆的特色，也被称作"无微不至的待客之道"。但是，所谓"待客之道的精神"，从茶道的"主客同一[1]"的角度也能知道，是指主人如何接待客人。然而，主人，也就是旅馆，也应该更加明确地提出自己想要什么样的客人。

就这点来看，杂志的目标顾客层更狭窄。有些人觉得"最棒"的杂志也会被另一些人认为"到底好在哪儿"。不过，只要客户对杂志能产生共鸣，杂志就能"传播"各种各样的东西。这就是为什么杂志是目标分层很明确的媒介。

我们想把"里山十帖"打造成比杂志还要强大的"共鸣媒介"。它不是纸，而是一个能通过真实的体验，更强地"传播"信息的地方。

但是这样的做法，只要一步踏错，就会招来暴风雨般的投诉。就像当不是目标顾客的人拿起杂志，心里想着"好无聊啊"一样，我想，在"里山十帖"住过的客人中，也可能有人会觉得"这里是什么破地方"。

在服务方面，我们受到的最多的诟病是"为什么不能无限供应毛巾"。"无限供应毛巾"这种服务最早是从高级旅馆开始的，到现在大部分旅馆都把毛巾放在浴场，供客人随意使用。

---

1. 在茶道中，主持茶事的主人会在精心准备的基础上招待客人。客人，被要求了解主人的意图，做出适合当时场合的举止，表示感谢。主客协同，创造出令人愉悦的氛围。也称"主客一体"。

但是对于无农药种米的我们来说,我们从环境保护的观点来想,像这种"无限供应毛巾"的服务是我们最不想提供的。当客人住进温泉旅馆之后,会去泡几次温泉呢?我的话,总是泡个四五次,这样算下来需要用5条毛巾、5条浴巾,仅仅是这样就要消耗不少洗涤剂。

我可不是为了要削减成本才不提供"无限供应毛巾"服务。

相反,在"里山十帖"的客房里,我们放置了专门烘干湿毛巾的毛巾加热器。而且,客人还可以把这些用有机棉制成的洗脸毛巾带回家,当成旅游纪念品。各位家里是不是有很多印着旅馆名字的毛巾呢?

在构造上,有很多不可能改善的地方也受到了很多非难。"里山十帖"是从旧旅馆改建而成的,所以楼里不仅没有电梯,很多地方还有高差。虽然我们将这些问题都写在了网站上,但是依然有很多异议,认为"现如今,在改建的时候加设无障碍通道是常识吧?在让高价的家具进屋之前,应该先考虑考虑行动不便的高龄老人才对"。确实,从"旅馆是公共设施"这一观念去考虑,的确应该设计无障碍通道。可"里山十帖"是"让人体验的媒介",老实说,"里山十帖"的设施对老年人和残疾人来说确实很不方便,这一点还请大家多多担待。

从"修行僧的料理"变化而来的夏季料理。

我们也收到了餐食方面各种各样的意见。最让我们不知所措的是,有客人提出"希望可以推出刺身船"。他们还说:"虽说旅馆在山上，但是离日本海这么近，起码新鲜的刺身总能端上来吧？"这话说得没错，要是用"县内当日快递"的话，早上从日本海鱼港送出去的鱼晚上就可以端上餐桌。在我们旅馆，我们也的确用"县内当日快递"送来的海鲜做菜。春天至秋天买赤鲣、鲷鱼、平鲉鱼，冬天买雪蟹。

可是，"里山十帖"的料理是以蔬菜为主的。在新潟当地的宴会上，可能会有旅馆端出大鱼大肉，不过端上刺身船的也还是很少。虽然我委婉地说明了这一情况，但对方依旧非常生气——

"你们居然不听客人的需求，这算什么旅馆？这家旅馆没有待客之道！"

通常，我们提到旅馆的"待客之道"，就会想成传统老旅馆那样，客人外出一会儿，服务员就趁此期间赶紧进到客人的房间里，换掉小茶壶和茶杯里的茶水，更换毛巾，调整空调温度等，做一些细心的、毫不松懈的服务。但现在是注重"个人隐私"的时代，很多客人都不喜欢别人随意进出自己的房间。

所以，我们更重视客人个人空间的舒适度，花重金在隔音和空调设备，以及极其舒适的家具和让人放松入眠的床上用品上。在旧民居的接待楼里，我们也下了不少成本，所做的一切都是因为我们认为，为客人提供"舒适的空间"，就是最好的"待客之道"。

除此之外，我们还追求肉眼察觉不到的安全性和舒适性。例如羽绒被，"里山十帖"使用的是法国产的绒鸭羽绒被。我们选择用它的最大理由是绒鸭羽绒被中的羽毛具有安全性。或许有人会想，"羽毛还有安全性？"实际上，被子是我们皮肤每天长时间接触的东西，大家考虑过里面的羽毛是否安全吗？水禽在什么样的环境下长大？羽毛又是怎样被加工的？这样考虑下来，我觉得大家应该就能理解到，羽毛是有各种各样的品质的。

还有，我们最为重视的，要属食品安全和食材的味道了。

"里山十帖"用的野菜、大米、调味料等食材，基本上采用的都是有生产者"露面[1]"的食材。最近流行卖有生产者"露面"的食材。但我们不仅注重生产者，对于食材的味道，我们也严格筛选。我们从各地收集安全的食材，主要是有机栽培或无农药蔬菜。而且我们还会和生产者交流，了解对方的人格魅力，并努力将其体现于菜肴之中。我们做菜时，绝不使用任何添加剂，取而代之的是自己用心熬煮高汤，用传统方法制成的无添加剂的调味料……我们认为，就像"多谢款待"一词的词源一样，只有提供这样的料理，才能称得上是所谓的"待客之道"。

话说回来，就料理而言，我们提供的菜肴也有过于克制的地方。客人觉得吃饭就是要快乐，他们期待可以尝到更多种类的味道。这样的想法我也同意。的确，如果我们呈出的菜只有野菜和蔬菜的话，被人认为这是"修行僧吃的"，那我也无话可说。

"里山十帖"的春季菜单里，有数十道菜基本上都是野菜做的。于是，我们在夏天做出了这样的变化——

---

1. "露面"的食材：为了体现食材的安全，让消费者放心，种植者或养殖者会在食材旁放上自己的照片。

[今日前菜] 新潟·夏季时令拼盘

[日本海的恩赐] 夏季鲜鱼生鱼片

[美味的精华] 烤茄子汤

[果然还是肉香] 自家制烤新潟和牛、当季有机蔬菜生春卷

[食材最宝贵] 夏季蔬菜炊饭

[蔬菜的力量] 各种各样的茄子菜

[我们自豪的好味道] 烤香鱼木片荞麦意面

[里山十帖的特色菜] 杉木烟熏和猪肉

[其实这才是主菜] 珍品米饭

[自家制·手工甜点] 当季的西洋甜点盘

夏天的蔬菜很丰富,当然要加到新菜单里去。与此同时,我们也新增了淡水鱼和海鱼,在肉类菜单中我们加入了牛肉和猪肉两种。现在的菜单和"修行僧吃的"野菜相比,变化很大。自从变成这样的夏季菜单之后,客人对菜的抱怨明显减少了许多。

我们的目标是,为客人提供在东京和京都或者其他地方都吃不到的、唯有到这里才能品尝到的"自然派日本料理"。为了能提供美味的、对地球环境友好的、能让身体一下子适应的料理,我们每日不断精进。

妥协是最大的敌人。重点在于速度。

大约开业一年后,我们的客房全年平均入住率即将超过80%。未来3个月的节假日都是满房,即使是在淡季,平日里也

断断续续地住满了人。

能达到这种入住率,我想,果然还是因为"里山十帖"作为"共鸣媒介",能够强烈地向特定的人群传播我们的价值。来我们这里的客人有几个特点:一是回头客很多,二是再度上门住的客人会连续住上多日。住上个3天,甚至连住5天的都大有人在。正是因为有这些客人的支持,才有了现在的我。

"开业不到三个月就会资金短缺"的预言没有实现。而"在新潟不可能实现的入住率"却达成了。

当然,我们刚刚开始还贷。我们无法保证目前的入住率是否能长期维持下去,我们还有17年的贷款要还,中途有栽跟头的风险也未可知。

或许有人觉得我们只是"侥幸",也可能有人觉得我们"只是运气好"而已。

的确,我们的运气可能很不错。毕竟在改造期间,我们渡过了好几次难关,特别是资金方面,我们面临了相当大的考验。这些都是我自己绝对不想再经历第二次的,也不推荐大家像我这样做。

但是,人生一定会遇到必须背水一战的局面,而且这种局面是突如其来的。机会也是如此。不管是哪种情况,在一生中遇到的次数屈指可数。

我认为,为了胜利,绝对要坚持。妥协是最大的敌人,不管战况多么恶劣,要相信绝对有制胜的战术。能够赢得胜利的关键在于速度。不要受到外在信息的干扰,重要的是要形成复合式的自我。

因此,首先要亲身"体验·感受"。作为第一阶段,最重要的就是冷静地分析数据资料，探索所有的可能性。在俯看全局并客观观察的基础上，感受各种"共鸣"。关于这一点，我将在下一章进行详细说明。这是我在做资讯类杂志的特刊时最重视的方法，也就是用这个方法，让我创办了《自游人》并让发行大幅增长。

这次的改造工程也一样，最大的危机便是银行撤走贷款资金的时候。但在那时我并没有退缩，现如今这成了我活到现在最自豪的事。

老实说，第一年的成绩太好了。

我们成为了日本"好设计"奖项史上第一个获得"百佳"荣誉的旅馆，还获得了"造物设计奖（中小企业厅长官奖）"。不仅如此，我们还荣获亚洲知名的新加坡"好设计2015"（Good Design 2015）的传达设计奖。

电视节目《早知道！》（知っとこ！）评价我们是日本绝景露天温泉第一名；杂志《周刊现代》的"30名旅游专家介绍的2014年夏季日本第一的有名旅馆"中，我们获得了"最棒的温泉"类的第一名……，我们深得各界好评。

在第2章中，我会以设计思维的观点去分析，为什么"里山十帖"可以成为一个"共鸣媒介"。

品尝野菜·蔬菜的滋味
自然派料理和珍品米饭

里山十帖的接待大厅

第2章 设计思维是什么

产生颠覆常识的创新的新思考方法。

Method 1 现实社会和数据的反复验证

我认为的设计思维。

"里山十帖"成为了有史以来第一个入选"好设计百佳"的住宿设施,而且还获得了"造物设计奖(中小企业厅长官奖)"。评委在评价时说:

"旅馆通过活用设计,宣传了地方的魅力。它并不只是提供住宿和服务的设施,它的高质量设计也获得了高度的赞赏。它将新潟南鱼沼地区的'食'和'农'相结合,创作出10个主题,向顾客提供的价值已远远超过单纯的'住宿'。地方上的居民也能为旅馆的运营做出贡献,它增加了乡村的活力,也创造了不少工作机会,值得称赞。"

评语中提到了"高质量设计获得了高度的赞赏",但我想,从评语的遣词造句可以看出,我们获奖的原因是新的"构造·举措"。这也正是我们的"基本战略和逻辑",也是设计思维最重要的部分。

设计常常被人认为是设计图上的图形,以及最终输出的某种形态。但实际上,真正的设计是指解决问题或是达成目标的过程和技巧。那么,设计思维又是什么呢?

我认为,用一句话来形容设计思维,大

概是"打破现状的闭塞感，采用不同以往的思考方法"。打破现状，研究与过去截然不同的方法，就是所谓的设计。简单点说，就是"重新思考最根本的原因，探寻解决问题的方法"。

可是，既然要重新思考什么是"最根本的"，那么就不能弄错起点。如果只是清零后从头再来，就会重蹈覆辙，无法脱离旧有的常规方法。

我在思考什么是设计思维的时候发现，在一开始时最为重要的就是"不看统计数据"。所有的白皮书报告、市场数据什么的一律不看。

那么，究竟应该怎么做才好呢？

我认为，首先应该从自己的亲身体验开始，去体验自己想了解的事情。

如果想振兴乡村，就先多去其他地方转转；如果想开一家旅馆，就先去自己感兴趣的住宿设施，在那里住下来体验一番。有一点需要注意的是，不要拘泥于自己的兴趣，重点在于自己是否能用鸟瞰全局的角度去观察体验。

尽量让自己拥有多种价值观，以多重人格的状态去体验一切。还要自己在心中反复验证，思考自己到底是从什么样的人那里产生了"共鸣"。

做完这些之后，再来看看数据。

这是因为，在进行数据统计的时候，整理资料的人会加入自己的价值观。就算他本来没有这样做的企图，但是在设定调查问题的时候，还是会不自觉地带入自己的价值观。而且分析完数据后，在撰写白皮书、市场研究报告之类的报告书时，个人价值观也会介入其中。阅读数据资料，首先自己要多角度地、以多重人格的状态去体验要研究分析的对象。在此基础上，在参考数据资料时，一定要意识到这份资料是站在什么样的立场上写的。

说得更极端一点，根本不需要这些数据资料。为把握整体大局，只需浏览一下数据即可。但是有时候，根本没必要去仔细阅读那些被有目的地恣意编辑过的信息。更重要的是自己的品位，也就是说，要打磨自己亲身感受的能力。同时，还需要训练自己以多重人格去观察、分析事物的能力。

我们公司把这样的方法叫作"现实社会和数据的反复验证"。因此，我们在工作现场时常有"你用了多重人格视点去看了吗？""你根据哪种人格作出的判断呢？"诸如此类的交谈。不知情的人听到了，说不定觉得我们是"危险人群"呢。

要吸收多少种人格到自己身上？

我作为杂志主编，在决定特刊的主题时，从来不做预先调查。我不去书店，也不看网络评论。老实说，特刊主题是什么都行。

寿司特刊和天妇罗特刊相比，寿司特刊会卖得比较好；自助餐特刊和蔬菜特刊相比，自助餐特刊有压倒性的高销量。这些信息我都不用调查，根据我的日常经验就能得知。

所以，如果目的是"增加销售量"，那就做寿司特刊；如果觉得"不在乎销售量，而想吸引特定的顾客群体"的话，就做蔬菜特刊。

实际上，接下来的工作才是最重要的。

通常的步骤是，一旦决定开始做寿司特刊之后，编辑部就要开始查找资料。一个劲儿地在网上找资料，购买书或杂志进行研究等，根据搜寻到的信息来决定企划内容和采访对象。

但是，我们的方法却和别人不同。

首先，我们并不做任何资料调查，而是先随便找家寿司店去吃。然后一边吃寿司一边观察周围的食客，在自己心中描绘他们的人格，一边思考："现在的消费者喜欢吃什么样的寿司呢？"之后，如果做寿司特刊的目的是想增加销售量的话，那就把所有人格都套用在自己身上，不断验证，找出大家共同的喜好。如果是想吸引特定的顾客群体，这么就套用这种群体的人格，找出他们的喜好。

这种做法重复的次数越多，精度就越高。

珍惜自己的亲身感受和直觉。在现场，如果感觉到"某件事情很吸引人"，那就去想"为什么会产生这样的感觉"，"在场的其他客人，为什么会做出这种举动"，进行彻底的验证和考察。

Method 1 "想象多重人格"

做寿司特刊的时候

Method 2 共鸣的统合

锁定"共鸣点"。

让多种人格同时在脑海里浮现,并进行"现实社会和数据的反复验证"后,需要去整合大脑中的大量信息。从自己创造的多种人物中,挑选"必要"的人物,让他们的价值观同时在脑海里碰撞,再找出他们共同的价值观,也就是"共鸣点"。

"共鸣点"有时候是特定人群中流行的东西,有时是社会世态。如果能从中发现一股很大的潮流,就要去想想这股潮流动向和自己的公司有什么样的共同点,再去验证看看是否属实。而且,还要去考虑应该如何扩大这个共鸣圈。接下来,把大脑中的价值观都合二为一,也就是把多种人格都合二为一,反复验证。

我把这种做法叫作"共鸣的统合"。简单来说,就是把有多重人格的人变回只拥有一种价值观的人。在这里的"人"并不是指自己,而是指与自己的目标方向性一致的,多种人的"意识共同体"。也可以称作是"共鸣的集合体"。如果能做到这一点,你就能发现一条至今未曾见过的隐藏在地下的巨大洪流。

你会看到一张既无法用语言表达,也无

法描绘，只能用意识才能辨识到的一张共鸣网络。以前被认为是完全不同的多个事件的接点，也突然展现在你的眼前。到了这一步，接下来只要按照你眼前看到的规则前进就可以了。

用做杂志来比喻的话，这一步的做法就是"编辑"了。为了吸引特定人群，怎样才能用最少的精力取得最大的效果呢？在有限的杂志版面里，要刊登什么内容呢？采用什么？又扔掉什么呢？

这时候，有一个你必须遵守的规则：不可以用多种人格来做编辑工作。反复验证的时候需要多种人格，但是在"编辑"的时候，只能用一种人格来做。主编在此时拥有绝对的权力。这是为了必须用有限的杂志版面呈现最大的效果。因此，重点就是"不动摇"地用一种人格，而且这种人格不能是主编自身的。比如在制作《自游人》时，主编必须用"自游人"这个人格。

我常被人说"岩佐先生一定就是'自游人'这种人吧"。实际上这个说法有些不准确。我觉得不如说我比较像长期演寅次郎的渥美清。

增加验证次数，提高精度。

我将在第3章里用"里山十帖"的例子，跟大家详细地说明之前介绍的Method 1和Method 2的具体做法。现在请让我先粗略地讲一下概论吧。

在做"现实社会和数据的反复验证"时，需要考虑的是，到"里山十帖"住宿的客人和谁一起来？来这里是什么目的？来这里后希望收获些什么？又是什么样的客人会去首都圈附近的箱根、伊豆？不同的旅馆的客人有什么不同？山梨县和长野县的旅馆的情况有什么不同？那全国的旅馆呢？其他像"俵屋旅馆""玉之汤"或"二期俱乐部"这种独具个性的旅馆，又是什么样的呢？

我个人去泡温泉的次数有1300次，包括参观学习等在内，去过的民宿大概有3000家左右。所以，我可以一边回想自己过去的经历，一边想象所有的潜在顾客的形象。

我想象的不仅有旅馆本身，还有餐厅、SPA、滑雪场等，用想象将所有可能有关联的场所和人物组合起来。

我自己虽然并没有发现，但别人告诉我，一旦我沉浸在想象的世界中，有时嘴里就会嘟囔着什么，有时嘴角上扬，或是眉头紧锁。公司的员工都对我说："求你了，在外面可别这样，别人会把你当成危险人物的。"但是多次进行这样的反复验证，正是我一决胜负的关键。把所有空闲时间都用上也不够，所以坐电车、等车、走路的时间我也都不会放过。

而且，从我想象的人物中，我会思考这些人谁有可能会来新潟鱼沼，会因为什么样的设施才有可能来。具体举例来说，我会想：如果我在旅馆里引进新潟第一家名牌SPA，会有什么样的客人来？以有机食材为餐饮主题，会吸引什么样的顾客？要是我提供自助餐，会有哪种客人来呢……总之，我尝试作出所有可能的组合。

在此之后，我才会把自家公司的方向性、想做的事情、想象的嗜好和可能性结合起来。如果将提供的餐饮主题设计成"有机&排毒"的话，会有什么样的人来这里呢？如果旅馆的主题是"如同在自家一样舒适"的话,会有什么样的人抱怨呢……我让所有人物都附身于自己,再以自己的感觉找到"共鸣"。

共鸣点和共鸣的连锁。

"共鸣的统合"就是从不断扩大的可能性中,锁定最有共鸣的点。

从室内设计到添置家具、图案、餐饮内容、器皿、各种印刷物等,都需要身为"里山十帖"的创意总监的我去把握。我必须思考到底如何才能把人吸引到这里,怎样才能产生"共鸣的联系"。

于是,从我想到的"里山十帖"的人群和他们所属的社群中,我找到了这些"共鸣点":

"追求金钱无法取代的、真正丰富的生活方式的人"

"不拘泥于固有概念,经常创造新价值观的创意家"

"经常追求邂逅与刺激,想要改变自我和社会的人"

"同时考虑地球环境和自己起居环境的人"

"认真思考吃饭与生存之间的关联的人"

常见的市场营销方法以"F1层[1]"为切入点,而我对此完全

---

1. F1层是指20~34岁的女性,是市场营销中的常用术语。

不考虑。我会在自己的心中形成社群的"意识共同体",以此决定旅馆内的整体氛围和设计方向、价格等大框架。

到了这个阶段,我才会浏览数据资料。我会根据数据资料中预估目标客户层的人数,来修正我自己设想的人数,再根据数据重新估算住宿价格和客房入住率。

新潟鱼沼这片地区,加上只有12间客房的容纳量……我一边浏览箱根和伊豆的旅馆容纳量和客房入住率,一边在心中描绘会来"里山十帖"的客人的人物画像。就这样自问自答地算出"里山十帖"的入住率。

这并不是老掉牙的噱头,这确实是"电脑"与"人脑"的竞赛。

在第1章开业前的体验记中,我曾提到"我有可以达到60%的客房入住率的自信"。这份自信就是从这里来的。别人可能会认为"毫无依据",但是我自己内心却百般坚定。这也是设计思维最重要的一点。

"虽无数据支撑,但逻辑却没有错,而且你察觉到了可能性。"

你会选择视其为"毫无依据",还是选择"赌它有可能实现"呢?

我是创意总监,但我首先也是"里山十帖"的所有者,可以"立刻下决定"。但人世间大部分事情的决策者和领导者都是别人。有决策权的人会不会"赌一把",就是设计思维成功与否的关键。

Method 2 "共鸣的统合"

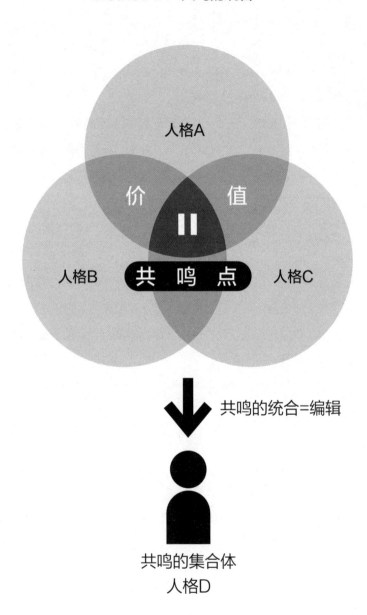

Method 3 思考的推翻与重建

统合后,最重要的是"速度"。

设计思维,是将世间微妙的氛围感和社会世态吸收到自己内心的思考方法。所以1年后有1年后的结论,和3年之后的结论必然不同。

万分谨慎地再三验证,会花费过多的时间,于是不知不觉间原本的结论就会发生变化。因此,我们要迅速去验证自己的感受和直觉是否属实。一旦决定要做,就必须马上行动,否则答案很快就会改变。也就是说,结论会随着时间的变化而变化。

大部分公司开会都会先决定好时间,经过多次会议讨论后再得出结论。我认为,这种积累型的合议制度在一定程度上是公平的,它既能广思集益,也能评估风险。不过实际的情况是,谁"声音大"就被谁牵着走,而且随着时间的流逝,观点容易变得迂腐。

一旦在会议中多次提出某种逻辑,那么想要将这种逻辑打破,回归原点再重新思考就会变得很难。但是设计思维有时候需要"重新归零思考""打破现在的逻辑"的做法。"共鸣的统合"是从设计思维衍生出来的,也就是说认同感是从"直觉"推导出来的结果。假如验证的数量太少,那么统合的共鸣和价值观就可能是不准确的,其他的各种论证就必须跟着修正。

看到这里,一定会有人想,"什么呀,依靠'直觉'不就是在'赌博'嘛"。但并非如此简单。我们需要不断验证自己的亲身体验的细节是否属实,并根据变化调整误差。

这样的做法,我们称之为"思考的推翻与重建"。

以"里山十帖"为例,我们做了些什么呢?

如果结合时间的变化,从假定的嗜好的变化来验证统一价值观的变动的话,会影响到设计的各种细节,从室内设计到家具、图案、餐饮内容、器皿、各种印刷物等,形式上都会发生改变。比如说,客房内的一些东西本来是为了让某些顾客感到舒适而设计的,如果目标顾客稍稍变了一点的话,那么桌子的大小、床的位置、内部装修的颜色、家具等都必须跟着改变。

我作为创意总监,有时候会废掉讨论已久的设计图。在我看来这是"理所当然"的事,但对于准备设计图的员工来说,设计图突然被改,就要面临很大的压力。而且,只要修改了一个地方,另一些看起来无关的地方也必须要做一些相应的修改。比如,一旦客房有了改动,餐厅里的器皿也要换掉。

有时就像下奥赛罗黑白棋那样,原本是白棋的地方瞬间也可能被翻黑,能否察觉到风向改变的瞬间,以及应该如何去应对,就成了最重要的事。

我们公司最重视的就是这一点。

一些中途加入我们公司的人最为不解的也是这一点。不管是编辑杂志，还是销售食品、运营旅馆，各项工作都是经常变化的。所以推翻之前积累的成果也是理所当然。大部分的人似乎觉得，自己做出来的成果被否定，就像自己的人格被否定一样。但是，在我们看来，破坏是创新的第一步。自己亲身感受出"哪里不一样"的人，才能创造出新的价值观。

我想，不管是哪家公司都能做到"现实社会和数据的反复验证"和"共鸣的统合"吧。但是一旦到"思考的推翻与重建"这一步，不是突然受挫，就是有采纳每个人的想法的倾向，尽可能地"雨露均沾"。

若在通常的积累型商品开发或会议中用这种方法的话，可能会引起他人强烈的抵抗，也可能不断地出现员工辞职等混乱局面。

那么，究竟该怎么做才好呢？

以我个人来看，最好的方法就是加强设计师或创意总监的权限。一般来说设计或制作的工作总是被排除在企业经营活动的主流之外，只会被人当成"附加价值"。所以，很多企业裁减掉自己的设计部之类的制作部门，将创意工作外包给其他公司。

虽然设计师和创意总监属于设计的专业人士，但我认为，他们更要有"多面体"的能力。不管公司内外，只要有几位这样的人才，就有了摆脱"闭塞感的力量"。我们常被人夸"自游人的组织能力真强"，其实原因就在这里。

毫不妥协地前进。

"思考的推翻与重建"总是必要的,但是一旦进入实际操作后,就必须为自己树立目标——"毫不妥协地前进"。

实话说,到了这个阶段,所有的项目成员都感到相当大的压力和疲惫。处理细节工作让人感到棘手,有时候甚至想把所有工作都一口气扔给别人去做。

但"细节见真知"。人们几乎都是根据自己的直觉去评价的,这种直觉往往出乎意料地准确。

"说不上来原因,就是觉得很舒服。"

"说不上来原因,就是觉得很好用。"

这种让人"说不上来"的感觉,并不是创作者无意中制作出来的。创作者必须考虑到所有细节,尽心计算后才能将这种"说不上来"的感觉传达给客人。

过去,杂志《自游人》在各大出版社的包围下,还能突破重围,以高发行量而自豪。很多人问我:

"你们的特刊主题和别的杂志一样,刊登的店也几乎没什么变化,排版、定价都和其他的杂志没什么差别,但为什么你们《自游人》就是卖得比别人好呢?"

我大概是这样回答他的:

"那你为什么觉得《自游人》卖得比较好呢?"

"杂志在书店的摆放位置很好,摆放的数量又很多。"

"原来如此。那你有问过周围看过《自游人》的人吗?他们觉得我们杂志哪里做得还不错?"

"我周围有很多人是《自游人》的粉丝,大家都说《自游人》有种'说不上来'的好。"

"答案就是这个了。我们的杂志就是'说不上来'的好。"

即使杂志上刊登的店铺和其他杂志的一样,但光是店铺的刊登顺序不同,就会给读者带来不一样的印象。比如说,在横跨两页的版面中,我们应该把吸引力最强的店放在哪个位置呢?右上?左下?还是正中间呢?排版是否是根据人的视线移动规律设计的,会导致阅读效果有很大的不同。照片的拍摄方式、标语也是如此。这里面充满了各种细节技巧,难以一概而论。

这些都是在"现实社会和数据的反复验证"和"共鸣的统合"中可以学到的技巧。而且,只有经过缜密的计算并毫不妥协地将这些技巧落实到杂志版面上,销量才会上升(现在我们杂志不再追求高销量,而是更希望能够吸引到特定的读者层,所以思考方式也变了)。

虽然我是主编,但在"现实社会和数据的反复验证"和"共鸣的统合"之后,若是把剩下的工作"交给一线人员"的话,杂志的销量就无法上涨。想要杂志销量增加,我会亲自去采访、体验、拍照、写稿,直到最终校对结束。

这也是我们公司推崇"现场主义"的原因。因此,在接手旅馆几周后,我穿上工作服,作为一名服务员为宴会配餐;"里山十帖"开业后,我也担任搬运行李的领班,化身接送巴士的司机。

一旦开始前进,就不能妥协,要彻底地做下去。学习理论和思考方法固然重要,但我认为最重要的还是"毫不妥协地前进"。

Method 1~3的整理

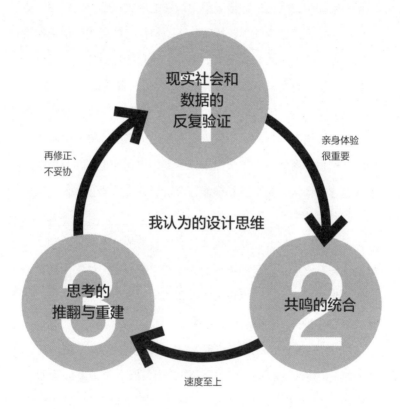

爱待在房间里用电脑的客人最喜欢的301房

第3章 设计思维衍生出的十大成功法则

Point 1

比起物质，更注重共享精神价值

针对软性需求而非硬件提出方案。

常有人问我："'里山十帖'是什么意思？"

十帖指的是十本"折子"，也就是十个故事的意思。"里山十帖"并不是一个单纯提供住宿的场所，而是为来这里住宿的客人准备了十个故事，是一个让顾客去"发现"和"体验"的地方。那么，"里山十帖"和其他住宿设施有什么不同呢？

回顾日本住宿设施的起源，大致可以分成三种类型。

第一种是起源于宿场町的旅馆。从让旅人借住、以米代钱的旅店，到让贵族留宿的旅馆，形态各异，但都是为旅途中的人提供住宿的。我认为现代的商务宾馆和城市酒店都延续了这种住宿形态。

第二种是温泉疗养旅馆。这样的旅馆有时候是伫立在深山里的独门独户，不过多数旅馆还是以共同的温泉浴场为中心聚集在一起，形成了温泉小镇。但是，过去没有现在这样的大型旅馆，大多数的旅馆都是一些散落在各处的小型旅馆。

第三种是寻欢作乐型旅馆。这种旅馆不仅

存在于江户和京都这样的大都市里,供人在参拜完伊势神宫或善光寺后"出斋开荤"而设的旅店也是这种类型。在日本各地,不管那里有没有温泉,都会有寻欢作乐型旅馆。

通常,现在的温泉旅馆很多都是第二种温泉疗养型旅馆,以及从第三种寻欢作乐型旅馆发展演变而来的旅馆。但这些旅馆现在都在为游客的减少而苦恼。

那为什么温泉疗养型、寻欢作乐型的旅游地区会面临经营困难呢?答案很简单。

这是因为,以真正的温泉疗养为目的的温泉疗养客在急速减少——这一点毋庸置疑,就连去温泉地游玩的人也如此。昭和时代,很多温泉疗养型旅馆都转型成寻欢作乐型旅馆了,但设备投资过多,导致自身难以运转,成了经营困难的根源。

到了平成时代,人们的出行动机发生了变化。旅游成为庆祝纪念日或是褒奖自己的方式,已经变成了一种自我投资。有的人什么都不想做,"就想发发呆"或是"想被治愈",等等,通过旅游获取新的活力。也有人"想学习""想获得知识""想变得更健康"或是"想有所共鸣",等等。这些需求都可以说是自我投资的一种。

当然,现在和过去流行团体旅游的时候一样,大家出行时依然希望能和他人"加深感情",对"宿场型"旅馆仍有需求。但是现在,人们想要加深感情的关系圈正在逐渐变小,变成了"朋友"和"亲子",因此接待大量客人的场合也越来越少,使"宿场型"旅馆中出现了经济型酒店,廉价再生旅馆等,把旅馆经营逼入绝境。

"只能选择降价了,但降价后旅店的经营状况也没有好转,只好不断地支付贷款利息,恐怕只有等到我儿子、孙子那一代,才能还得上本金了。"

本来,旅馆就应该符合时代的变化,为客人提供新提案。但是这种事情几乎没有人去做,因此旅馆才会陷入经营困境。

这种状况下依然还能维持活力的温泉地,就关东地区来说就是箱根、伊豆了。为什么箱根、伊豆能鹤立鸡群呢?很大程度上是因为它们离东京近,占据了地理优势。但其实也有很大一部分原因是它们比其他的温泉地更积极地开拓了客人的需求。

箱根、伊豆以极快的速度引进在其他地区刚刚兴起的受欢迎的设施和服务。包场温泉刚刚流行,没过多久就在箱根、伊豆遍地开花;客房露天温泉一开始流行,当地的旅馆就立刻在房间内新设露天温泉;SPA流行起来的时候,它们就引进有名的品牌SPA。在当地,客房面积的竞争也变得格外激烈,有时候新建客房的面积达100平方米,甚至150平方米……

说到这里,我想很多人已经察觉到了一些问题。顾客不仅有硬件上的需求,也有软性需求,而旅馆的努力几乎都集中在硬件层面上。如此一来,除了有地理优势的箱根、伊豆之外,其他地方的旅馆想要回收资金,并非容易之事。

旅馆是"生活方式提案型媒介"。

"里山十帖"的十个故事,总的说来并不是那种用说明书就可以表现出来的东西,而是想带给人精神感受的精神层面上的故事。

这十个故事分别是：食、住、衣、农、环境、艺术、游、愈、健康、集。我们希望来到这里的客人能够从这十个故事中挑选一个来体验，在这里的收获能对日后的生活有所帮助。我想，"里山十帖"与其说是一家旅馆，不如说是一个主题公园创意设施，这样一来会更方便大家理解吧。我们想让顾客在一泊二食的时间里，通过在这里的体验，能够思考出比杂志、餐厅、主题公园更加丰富深刻的生活方式。

当然，在1~2天的时间内，是不可能体验完"里山十帖"所有的故事的，我们没有强迫客人这样做的打算。

大家只需要感受自己能感受到的那部分就好。这绝不是在测试客人的感性，感受是因人而异的。有的人会感叹"饭真好吃啊！"或是觉得"被美丽景色治愈了！"也有人觉得"我想要那把椅子！"等。只要是发自真心的感受，哪怕只能感受到一点，也就足够了。

来这里住宿的客人如果能有什么体验或发现，不是就已经达到旅行的目的了吗？把自己的感受和他人分享，引起共鸣，就会为未来的生活带来更多的活力。

一般来说，旅馆业常被大家认为是"提供服务的工作"。所以不管是经营者、员工还是顾客，总是着眼于旅馆的服务内容。旅馆这边会觉得"收了顾客这些钱，必须提供相应的服务"，客人那边也认为"我都出了这么多钱了，也应该享受到这些服务"。但是这种想法就好像出去旅游只是为了雇一个家政人员似的。

当然，要是一家旅馆能应顾客的要求，提供舒适的服务也是挺不错的。不过我们的旅馆却和其他的不一样。我们想清楚地向客人传达，我们的旅馆是"生活方式提案型媒介"，也是一个旨在创造新价值观的"共鸣媒介"。

"里山十帖"的标语是"Redefine Luxury"。重新定义奢华。我们想表述的奢华，并非是客房宽广的面积，也不是那些名牌洗漱用品，更不是大屏幕的电视机和DVD。

"体验和发现才是真正的奢华"。这才是我们"里山十帖"对奢华的定义。

直接刺激右脑。

"里山十帖"的主菜是"珍品米饭"，用的是顶级的鱼沼产越光米。

为什么米饭是主菜呢？那是因为我们想让顾客切身体会日本农业的现状。2004年，我们公司为了学习大米相关的知识，从东京日本桥搬到了南鱼沼。对我们来说，农业是我们最想"传播"的主题。不过话虽如此，我们总不能在客人吃饭的时候给他们讲解农业知识吧。稻田体验和农业体验的项目也没办法经常举办。

我们在经营"里山十帖"前的10年间，多次举办了农活体验会。在此期间，我们也通过杂志和网络宣传了如何种出好吃的大米。通过这10年的经验，我们强烈地感受到，想让客人体会到农业的魅力，最有效的方法就是让他们实际品尝美味的大米。

通过品尝美味的大米，能够直接刺激人的右脑，让右脑感受到"好吃!"后,再传达给左脑,让左脑去思考:"为什么会这么香甜可口,这么醇香软糯呢?"这样一来,就可以加深顾客对大米和农业的关心。

现在我们仍在举办农活体验会。简单的体验会通常就是一些助兴活动,比如"脚踩土地""自己插秧""体验丰收之喜"等。

把这样的小活动作为最初的一步是不错的,不过,想让客人真正地"感受农业",请他们吃一顿好吃的白米饭作为最初的一步也是可以的。吃过米饭的客人就会想:"大米怎么这么好吃啊?是水质的影响吗?还是土质的影响?或者是肥料?"第二天他们在旅馆周边散步时,就会一边看着梯田,一边思考农业相关的事情……

我们也希望客人能够尝试做"现实社会和数据的反复验证"的第一步——去亲自体验、切身感受。当然,如果有客人来问:"为什么你们的大米这么好吃呀?"我们一定会很乐意地向他解释说明。

"里山十帖"所在的大泽乡,是全鱼沼地区最好吃的米的产地。当地还流传着这样一些说法:"鱼沼大米甲天下,南鱼沼大米甲鱼沼""南鱼沼的大米要看六日町盐泽""六日町盐泽最好的要属鱼野川左岸一带的西山地区""西山地区的大泽、君泽、桦野泽的米最好吃"。

西山指的是海拔700米~1000米的低山脉的山麓地带。这些山脉是巨大的活断层受到挤压形成而来的,土质多为砂和黏土。朝向断层的地区水资源丰富,常常有含微量矿物质的水和土流到稻田里。东西约200米~500米,南北约20公里。用红酒的产地来类比的话,鱼沼是勃艮第(Burgundy),西山是夜圣乔治(Nuits-Saint-Georges),大泽、君泽、桦野泽则是沃恩-罗曼尼村(Vosne-Romanée)。

也就是说"里山十帖"周边地区的越光米,是大米界的罗曼尼康蒂[1](Romanée-Conti)。这就是为什么我们要把这么好吃的越光米当作主菜的原因。

在"里山十帖",我们会在客人的眼前把这样的大米放进土锅里煮,并且分两次给客人端上桌:一次是刚煮好的,一次是煮好后焖了一会儿的米饭。

当然,如果客人开口询问,我们也不会这样特地解说。但几乎所有的客人都会发出欢呼声:"我从来没吃过这么香甜的大米!""好有光泽的大米呀,好奇妙啊!"

常有人说,"饭菜会因解说会变得好吃""讲故事很重要",但是真正好吃的东西其实无须多言。特别是大米,它的美味早已刻进日本人的DNA里了。

里山特有的自然体验。

"里山十帖"的周边正如其名,都是山。步行1分钟就能看到广阔的梯田,附近还有溪流和涌出地表的地下水。在后山,有往

---

1. 罗曼尼·康帝葡萄酒,是法国勃艮第产区最顶级的葡萄酒之一。

返1小时的徒步路线，也有能让人舒适地享受跑步和散步的林道。

在"里山十帖"，我们还准备了很多活动，让客人能够充分享受里山的大自然的魅力。

春天到秋天能享受到的是山地自行车之旅。我们会先用汽车把客人送到海拔1000米处的瞭望台，然后让他们体验有600米高度差的下坡的乐趣。在客人前面高耸着的是日本百岳名山卷机山，眼前云海涌动，是一片让人无法言表的美丽风景。天朗气清时云海出现的概率有70%以上，景色之美曾令一些客人感动落泪。下坡时，你会觉得自己快要冲进眼前的云海里了。日本各地看云海的著名地点有很多，但是想要享受飞奔入云海的快乐，只能来"里山十帖"体验山地自行车之旅。这个活动非常受欢迎，甚至不擅长早起的人都会早起参与，反复体验。

在"里山十帖"的后山还有一片广阔的山毛榉林。从山地自行车之旅的起点开始，一路上都是连绵不绝的山毛榉林海。特别是初夏时的新绿和深秋的红叶，最为好看。我们还在这片山毛榉林中举办有向导带领的徒步活动。流过汗之后再吃的早餐，可以说更加美味，也更加健康。

从春天到秋天举行的其他活动还有泛舟和溪降，我们也会帮客人安排谷川岳、八海山、越后驹岳等地的徒步行程。

到了冬天，旅馆周围会被至少3米厚的大雪覆盖。和其他全年营业的温泉旅馆相比，这里是日本数一数二的暴雪地带。是八甲田的酸汤的雪厚呢，还是"里山十帖"的雪厚呢？我想，能和我们这里比积雪厚度的恐怕也只有八甲田了吧。

虽然我们这里的积雪和八甲田不相上下，但是冬天的"里山十帖"依旧交通便利。乘坐新干线从东京到这里只需一个半小时左右的时间，开车也只需两个半小时。冬天驾车虽然必须换上防滑轮胎，但是由于路面的雪都会被清理掉，所以也可以直接开车过来（一年内有几天除非是用四驱车，否则最后100米开不上来）。

在冬天，我们这里有穿雪靴跟着向导在雪原进行雪地徒步的活动，非常受欢迎。和山地自行车活动一样，早上6点出发，向旅馆的后山前进。这里的雪山男女老少都能轻松悠闲地登上。登山大约30分钟后，回头就可以看到眼前是一片广阔云海，还能望见在云海和群山另一边的日出。为此情此景感动流泪的客人比夏天的还要多，因为冬天的景色比夏天还要美。在冬季，空气的透明度变得更高，远处的日本百岳名山卷机山的样貌清晰可见。

我们还有面向滑雪高手的山地滑雪活动，他们可以在自然地形上滑雪。山地指的正是这里的后山，后山周围地形非常复杂，而且吹来的大雪堆积在那里，形成了天然雪场。因此在1月、2月的滑雪旺季里，可以在这里尽情地滑粉雪。加上这里不是滑雪场，所以人特别少。

除了"里山十帖"的后山，我们还可以帮客人安排神乐峰和八海山的山地滑雪行程。客人们也可以享受骑雪上摩托车的乐趣。

山地自行车等活动非常丰富

Point 2 压倒性优势的明确化

提到"里山十帖"就能想起它——打造标志性的"绝景露天温泉"符号。

我们被电视节目等众多媒体评选为"日本第一绝景"后,有不少人"说起'里山十帖'就想到了它的绝景露天温泉"。

绝景露天温泉只不过是"里山十帖"十个故事其中之一的"愈"中的一个元素而已。我们还有许多其他的地方想让顾客去感受、去体验,但确实,绝景露天温泉是"里山十帖"成功的"关键",由我们精心设计而成。

"里山十帖"是从老旧旅馆改造而来的。但是,在第1章我也详细介绍过,这里的景色并非从前一代旅馆就有,当时的露天温泉周围全部都是杉树林。而且,入浴楼就建在客房楼的前面,距离太近,不管是从露天温泉还是从客房眺望出去,都是连卷机山的影子都看不到。再加上建筑四周都被杉树环绕,导致建筑内部空间都是湿乎乎的。

于是,当我看到地形图的时候,就在想:"如果把这里的杉树林全都砍掉,可能就能看到令人屏息的美景。"而且我相信,这片美不胜收的景色,一定能大力支撑起旅馆的经营。

除了《自游人》,我还帮《东京步行者》

《OZ杂志》《街道》（*Jalan*）等杂志制作了很多温泉特刊和温泉别册，能大卖的都是"绝境露天温泉特辑"。因为我知道，与年龄和目标人群无关，说到温泉，"绝景"就是最大的诉求点。我还了解关东附近的县的绝景露天温泉是什么样的。

不过，为了获得好看的景色就把杉树林砍掉，风险实在是太大了。要砍伐的面积相当大，能不能得到地权所有人的同意还是个未知数。尽管如此，我决定还是要继续砍树，主要是有以下几个理由。

"里山十帖"附近的地形非常特殊，大风会把雪吹到这里来，积雪量特别多，是少有的暴雪地带。之前的客房楼和入浴楼的间距很近，每年建筑物都会因积雪受到损坏。不管怎么看，改善这个问题就成了当务之急。我看了之前的经营者的财务报表，光是应付冬天的防护措施的费用，就是个沉重负担，说前老板是"因下雪破产"也不为过。所以，我认为旅馆这里必须有一个除雪的空间，好让重型设备进来除雪。砍伐杉树林，不仅不会让建筑物受到损伤，还能腾出来一个堆雪场地，加上能让视野更加开阔，可以说是能达到一石三鸟的效果了。

顺带一提，我们砍掉多少棵杉树，就会种上多少棵枫树苗。为什么选择种枫树呢？不仅因为到了秋天红叶非常漂亮，还因为枫树能够承受积雪的重量。同时，在这里长期受到积雪的压力后，枫树不会长得很高，树枝会更贴近地面。十年后，从这里不仅能欣赏到现在已有的景色，还能赏红叶。加上我设想的这种未来风景，砍伐杉树可以说有一石四鸟的效果了。

当超乎想象的美景出现在眼前时，我一直在不停地思考，到底怎样才能活用这片绝景打造出露天温泉呢？绝不是标新立异，而是要活用这里的美景。特别是我希望客人坐进露天温泉后，在泡澡时还能欣赏到这片景色。

这世界上有很多地方都被叫作绝景温泉，但实际上"泡进浴池里还能看到景色"的温泉却非常少。如果从温泉上方拍张照片的话，还能看到汪洋大海，但是一旦进到浴池里面，就看不到大海了。又或者从照片上能看到浴池建在溪流旁边，看起来十分惬意，但一旦人走进浴池里，就没办法看到溪流了，坐下来泡澡之后，几乎连山都看不见了。像这样的温泉有很多，但进入浴池里一边泡一边欣赏风景的温泉十分少见。

"里山十帖"的温泉有两个。一个是岩石温泉，另一个是桧木温泉。桧木温泉的设计参考了斯里兰卡建筑家杰弗里·巴瓦（Geoffrey Bawa）设计的"无边际泳池"。无边际泳池是这样的：看不到泳池边缘，泳池的水面融入前面的大海，打造出泳池无边无际的视觉效果。在世界各地都有这样的设计，近年来最出名的要属新加坡"滨海湾金沙酒店"的屋顶的无边际游泳池了。

目标是成为独一无二的"自然派日本料理"。

大家知道为什么传统日式旅馆料理总是品类繁多，器具色彩鲜艳又金闪闪的吗？那是因为在旅游网站、杂志、电视和旅游公司的手册上做宣传时，首要考虑的是这些料理"看起来豪不豪华"。可惜，对饭菜口味的追求反而被放到了第二、第三位。因为在旅馆看来，在海量信息里，若不能让客人的眼光停留在这一页，那么就不会有客人愿意上门。

"里山十帖"的料理照片看起来非常朴素。正式开业之后，我们被电视节目采访过好几次，在实时播放的画面中看到我们的料理时，我总会觉得"看起来有些寒碜啊"。通常出现在电视或杂志上的料理，总是多得看似快要从盘子里溢出来了，光是看图片就有种"好像很好吃"的感觉。为了视觉效果，还要摆上海胆、鲑鱼卵、螃蟹、霜降牛肉这些高级食材。

但"里山十帖"的料理主题之一就是"朴素却有滋味"。

可能有人会说："看起来朴素的料理是不可能有压倒性优势的吧？"不过在我看来，"朴素却有滋味"的特色才是独一无二的。

在春季，"里山十帖"的料理几乎都是野菜，从夏天到冬天都是蔬菜。我们的料理和所谓的旅馆料理完全不同，和在京都或东京吃到的日本料理也不一样。我们的目标是做出能让人感受到泥土的清香和农作物的原汁原味的"自然派日本料理"。我们的食材以有机、无农药的蔬菜为主，再用传承而来的传统调味料去烹制，让客人能品尝到不加矫饰的、最自然的味道。

我们极其重视食材原本的味道，因此我们绝不使用任何添加剂。化学调料自不必说，和风高汤粉、浓汤宝、味精这类调味品，以及食品加工阶段带入的添加剂（carry-over）也绝不会出现在"里山十帖"的料理中。

不用说一般的餐厅了，和其他的传统日式旅馆相比，我们料理的特点就是"自制比率"特别高。自制的米、自制的味噌、自制的腌菜……这类和食中的基础食物都是我们自己制作的。其他的如蜂斗菜味噌，我们一年只做一次，是动员所有员工一起做的。在我们旅馆范围内可以采摘到一些蔬菜，野菜则需要我们去后山去摘。

写到这儿，不知情的人看了可能会觉得，"这不都是一些奶奶做的家常菜吗？"没错，我们确实融入了一些乡土料理的真髓，但是端出来的作品可能会和大家想象的完全不同。

指挥"里山十帖"厨房的是北崎裕，41岁。

在第1章我也详细介绍过，他是在获得"关西米其林三星"的京都名店"吉泉"里研修过的厨师。他毕业于国际基督教大学，有着奇特的经历，喜欢喝茶、插花，更是一位热爱阅读、勤奋学习的人。这样的北崎厨师做出来的料理，和京都日本料理店里提供的料理不同，和乡土料理也不一样，更不是传统的旅馆料理。他做的是只有在"里山十帖"才能吃到的料理。他一次又一次地在野菜和蔬菜上花工夫钻研，不断尝试提取食材本身的味道。

作为"实体媒介"的评价。

承蒙厚爱，"里山十帖"的料理获得了常去东京和京都名店的客人的好评。他们称赞北崎主厨虽然在京都研修过，但并没有模仿京都名店的味道，而是追求只有在新潟南鱼沼才有的味道。

所有的野菜都是我们自己采摘的，从摘下野菜到做成料理只隔了数小时，因此野菜还保留着自身的香味。我们还有新潟地区鲜有甚至全国各地都很难见到的用刀耕火种方法种出来的传统蔬菜。杉树的新芽我们也都拿来做菜，尝试"用吃来解决"森林问题。在这里，请让我引用一些顾客的点评，来为大家介绍一下吧。

"我第一次品出了野菜真正的香味，除了感动还是感动。看起来只是煮了一下的野菜里其实饱含了高汤，还加了调和野菜香味的香草。因为是从旅馆后山现摘的，所以在别的地方都吃不到，只能在'产地'吃到这种菜。"

"我现在才知道如今还有人用刀耕火种的方式种大头菜，而且大头菜的皮还富有鲜甜味，那才是它真正的味道，尝过这种味道的我感受到了蔬菜的生命力。"

"听到'茄子菜'的名字的时候，我想这肯定是一道味道单调，容易吃腻的菜。没想到和我想的完全不同，而且居然可以一次吃到5种稀有的茄子，新潟的潜力可真是让我大吃一惊。"

"烤香鱼片木荞麦意面这道菜让我大为震撼。我在想为什么香鱼一点腥味都没有呢？当我听到主厨来自京都的吉泉之后，便了然于心了，我想主厨肯定很擅长处理基本食材。只要吃过烤香鱼片木荞麦意面，就会还想再来'里山十帖'一次。"

"我好惊讶，居然可以用杉树的新芽做菜。最初看到'保护森林'这个菜名的时候，我心中满是问号。问过才知道，原来是通过'吃'来保护这里的杉树林，不禁感到这样的创意实在是崭新有趣。"

"因为白萝卜和胡萝卜一直保存在雪室里，所以甜度大增。只有在新潟才能吃到这样的美味。而且把萝卜切成薄片后，用高汤炖煮入味，食材的甜味与调味料味搭配得绝妙，实在是让人佩服。"

从"里山十帖"开业起，客人中有不少是平时对排毒和清洁特别感兴趣，且敏感度比较高的女性。

"明明在这里吃了很多东西，但是回家后站上体重秤，发现我居然变瘦了！好让人惊讶啊。这里的食物对肠胃也比较好，加上温泉的作用，我身体和肌肤的状态都变好了。"

"除了'里山十帖'外，大概没有别的旅馆能让我吃下这么多的蔬菜。有机蔬菜的味道很有生命力，吃了之后让我更加有活力。"

"要是我提出'希望每道菜都是蔬菜'的要求，在别的旅馆可能会被嫌弃，但是在'里山十帖'却被欣然接受了，我非常感动。而且端上来的菜比我期待的还要好，甚至比东京的素食餐馆的水平还要高。我不禁感叹，这里到底是什么好地方？真是让人狂喜。"

"这里的一些菜都是把野菜当作香料来用的，让我惊喜连连。吃过饭的第二天早上，我觉得自己的身体变得轻盈了，真是令人惊奇。我要马上把喜欢吃素菜的朋友带到这儿来。"

能够供应菜品给素食主义者也是"里山十帖"的特征之一，不管你是纯素食主义者，还是奶素主义者、生食主义者、践行长寿健康饮食法的人……我们都能满足你的特殊饮食要求。这一点受到了外国客人的赞赏。明明正式营业还不到1年，而且在海外也没做过任何宣传，但在2015年的冬天，12间客房里，经常有1间客房住的是海外来的客人。

最让我们开心的是，"原本对以蔬菜为主的菜都没什么兴趣"的客人，在吃过我们菜之后有了这样的评价：

"老实说，听到这里提供的料理都是蔬菜后，我有些犹豫，但是吃过饭之后觉得特别满足。"

"我老公很讨厌吃蔬菜，而他在这里不仅把菜吃得精光，还一个劲儿地夸好吃。果然食材特别重要啊。"

"我第一次吃这么多蔬菜和野菜。而且不管是哪种蔬菜，都让我感受到了很强的生命力，味道好得让我惊讶。"

"料理十分有个性，让我非常满足。我觉得'里山十帖'最有魅力的地方，就是它提供的料理了。"

"里山十帖"的晚餐，其实就是杂志中"蔬菜料理特辑"的真实体验版。而且我们会根据不同的季节，选用不同的野菜、传统蔬菜或雪室蔬菜，让客人能有各种各样的发现、体验。

现在大家可以理解我所说的"里山十帖"是"实体媒介"的意思了吗？

Point 3

深入到特定顾客群体中

回头客才是提高入住率的捷径。

"里山十帖"开业以来,最让我们惊讶的是旅馆的回头客特别多。为什么回头客会这么多呢?我想最大的原因在于,我们旅馆的概念和其他的旅馆完全不同,也就是说我们旅馆具有"找不到第二个类似旅馆"的"独创性"。

其实,在我们承接下这间旅馆,还没有进行改造的那个夏天,这家旅馆的回头客少之又少,让我们惊愕不已。接手这家旅馆是在7月,是放暑假的前夕,又正值旅游旺季,我们本以为回头客会接连不断地上门,即使不用我们拉客,客房入住率也能达到50%～60%。但是,我们等了又等,预约电话的铃声就是不响,订房网站上也无人问津。7～8月这两个月内,我们只接待了2～3组回头客。明明是已经营业了20年的旅馆,结果却是这样惨淡。

我想这是所有经营不良的旅馆面临的共同问题吧。没有特色的旅馆一旦陷入价格竞争,卖点就只剩下低价了。在我们接手旅馆前,这家店就胡乱地推出了一些低价房间。再加上通货紧缩,假如每年不继续下调房间价格的话,就不再会有回头客愿意光临了。

我们为了摆脱价格竞争,在接下旅馆之后

就换了餐厅的菜单,替换了房间配套设施,假如依旧以旧建筑的状态继续推出低价房间的话,就不可能扭亏为盈。

于是我们把客房价格上调了数千日元,可如此一来,就完全没有回头客过来了。极其偶尔有电话来咨询,我们刚告诉对方:"现在换了人经营旅馆,料理和配套设施都重新换了,所以一泊二食的价格变成了12000日元。"便立刻听到对方"哐当"一声挂了电话,甚至还有客人大骂:"你们这是暴利!"

即使如此,我们仍没料到旅馆的回头客居然如此之少。过去,在我们做采访时,那些生意特别好的旅馆都会告诉我们,"生意兴隆都是多亏了回头客的支持"。我们采访的都是生意兴隆的店,回头客多也是自然。可我们还是很惊讶,原来经营困难的旅馆的回头客,居然可以如此之少。原本的价格已经够便宜了,却还要每年下调价格。不仅如此,旅馆每年还要给网络订房平台交手续费。这样下去,根本看不到生意好转的希望。

如此痛苦的经历让我明白,受欢迎的旅馆之所以能生意兴隆,都是源于回头客的支持。在试营业后,我们更是深深地体会到了这个道理。于是,在我们大幅提高了旅馆的服务水平,重新设计了菜单之后,回头客也大幅增加了。有很大比例的客人在退房时会同时预定下一次的入住时间。并且,第二次来住宿的客人很多都选择连续住上好几天,甚至在我们刚开业三个月的时候,"里山十帖"就已经迎来了连宿5天的客人。

当我们问这些回头客为什么愿意再次光临的时候,几乎所有客人都回答:"你们这样的旅馆,别的地方也找不到第二家了。"简言之,就是旅馆散发出了自己独特的"氛围感"。再接着细问，就能听到客人说"找不到第二家能让我愿意连续住个好几天，连续吃他家料理的地方了""其他旅馆的料理不够健康"等关于料理的感受。也有客人喜欢旅馆内的舒适感，说"住在这里仿佛是在家里一样，让人放松"。客人对旅馆内的氛围感的肯定，就是对我这个创意总监的最高赞扬。为了让回头客再度上门，可以给客人发会员卡或者定期发广告邮件等。但我觉得最有效的，还是深入了解特定顾客群体的需求，让他们感受到氛围感。

"模仿"无法产生新价值。

很多人在考虑开一家新店或者新旅馆之前，一定会先从考察同行开始吧。的确，正如我在第2章所说的那样，"现实社会和数据的反复验证"就是要从"体验"开始。

但体验的重点在于"感受"，并不是"检查"表面现象。比如在"里山十帖"，看到吃蔬菜料理的客人面露笑容时，绝对不可以认为"耶！接下来就是蔬菜料理的时代了"。

在山形县的米泽，有一家旅馆叫作"时之宿·董"。只有11间客房，也是改造过的传统日式旅馆。在2011年的大地震前，这家旅馆的客房入住率一度达到了惊人的90%。他们的晚餐是米泽牛。对小规模旅馆的老板而言，这家旅馆是非常好的考察对象。但是，要是住过"董"和"里山十帖"后，去思考"哪一家才是接下来的潮流趋势"，根本毫无意义。

因为，不管是"里山十帖"还是"董"，都是为了满足特定的顾客层的需求。而其中有一部分的顾客层是重叠的。因此考察"接下来是流行肉还是蔬菜"一点意义也没有。要说"哪种菜更受欢迎"的话，那必然是"肉"了。这样的结论根本不需要专程跑到"堇"和"里山十帖"里住个几天，只要看看这世界上做蔬菜料理的店多还是烤肉店多，或者对比家庭餐馆的菜单上到底是蔬菜多还是肉类菜多，便能一目了然。

但是"堇"之所以能成为受欢迎的旅馆，绝不是因为他们提供的是肉料理。如果只是因为提供肉料理就能生意兴隆，那小规模旅馆都可以靠做肉料理起死回生。如同我多次强调的，成功的关键在于"氛围感"。"堇"散发着一种独特的氛围感，在那里你能够感受到旅馆老板的品位，这才是他们有让人惊讶的高客房入住率的原因。所以说在考察时，最重要的就是切身体会氛围感。

那么究竟怎样才能创造出氛围感呢。虽然"氛围感"只用感受就行了，但是提供氛围感的这一方需要进行缜密的计算。而且重点不是在于"模仿"，是要"提供消费者真正想要的新价值"。

这一点我也在第2章"共鸣的统合"中简单地提到过。在这里，请让我以编辑杂志的方法为例，做更详细的说明吧。

在现在这个社会，流行把所有东西都数值化，非常重视市场调查。所有的书上都强调必须明确目标群体和目的。但是这些书上不会讲如何将信息传给特定消费群体的技巧和思考方法。

我在出版杂志《自游人》之前，帮《东京步行者》《东京☆1星期》《OZ杂志》《街道》等主流杂志做一些工作，有时候也受托制作发行量较小的专业杂志。

每本杂志的销量目标都不同,对成果的定义也不一样。唯一的共通点是"满足预想的读者群体的需求"。每一本杂志的读者看起来很相似,但实际上又有些许不同。所以,要想达成目标,就必须经过彻底的验证、缜密的计算。

杂志的主编通常被大家认为是个性很强的人,以强烈的个性和感性主导着杂志风格。实际上并非如此。大多数主编都是善于分析情报的通才,至少我知道的似乎都是这样。他们外表看起来性格强硬又缺乏通融性,那是因为他们总是不断地在心中考虑各种细节,思考怎样才能回应读者的需求,提供读者想要的价值。

我曾作为编辑参与《东京步行者》的特辑制作,当时的主编最看中的是"信息的收集整理"。在《东京步行者》的草创期,杂志《匹亚》迎来了它的全盛时期,它依靠网罗东京的各种资讯迅速蹿红。但读者慢慢地对这种信息洪流感到乏味,开始希望有谁能够帮他们筛选信息。

当时,在《东京步行者》,我们认为最重要的信息收集整理技术是,好好地扮演幕后"黑子"[1]的角色。我们一直在思考,如何及时提供消费者想要的情报,好让他们及时查到呢?又如何向读者呈现我们"无微不至的关怀"呢?想要做到这些,就必须先前往每个情报的现场,彻底地收集信息。有了亲身体验后,再思考如何在有限的杂志版面上排列这些信息,使其有更好的传播效

---

1. 指在歌舞伎表演中,身着黑色服装在幕后辅佐演员表演的人员,被观众视为台上"不存在的人"。亦指在暗中给予支持的人。

果,然后再反复进行验证。

久而久之,在工作中我们总结了好几种技巧,其中之一就有"跨页7家店法则"。

在一个跨页版面中,应该放几家店的信息才能让读者感觉到"信息丰富",放几家店以上的信息会让人觉得的"信息过多",几家店以下的信息会让人觉得"信息过少"呢?而且人们在阅读时,视线通常从右上到左下,再从左上到右下呈十字形交错移动,也就是说要想让阅读效果更好,最好的素材应该放在右页的上边,第二重要的信息则应该放在左页的下边。

另一种技巧叫"7比3法则"。比如要在杂志上刊登10家店的情报,那就应该放7家大家知道的主流的店,以及3家大家没听说过的小众店。这样一来,读者对杂志内容的信赖感就会上升。当然,这种做法也可以进行一些调整变化,比如说,在没有销售压力、不需要大量发行、只想做一本风格先锐的小众杂志的情况下,可以把刊登的信息比例调整成"5比5"或者"3比7"。在知道这10家店面向的目标读者是什么样的情况下,能让杂志的先锐度更上一层楼,也能更精确地预测出杂志的销量。

那么为什么其他跟风《东京步行者》的杂志都没能超越《东京步行者》呢?是因为那些杂志都不知道"跨页7家店法则"和"7比3法则"吗?答案正好相反。

后起的杂志肯定会对已经发行了的杂志进行彻底地研究分析,"盗用"它们的数据和方法,一定会逐渐开始"模仿"起来。但是数据和统计资料总是比潮流要慢一步。虽然近年来因为电脑和网络的兴起,信息滞后的情况已经变得很少了,但是,当能看到数据出现确切变化的时候，基本上"已经晚了"。要是花时间去"分析"，更是雪上加霜。

后来，我们公司在《东京☆1星期》创刊时被挖了过去，那时，我们打算用和《东京步行者》完全不同的方法去制作杂志，提升杂志的销量。

我们想做出一本对读者来说更有亲近感的杂志，一本就像礼宾人员那样主动提供建议的杂志。换句话说，为隐于幕后的策展人赋予《东京☆1星期》的人格。

我们打造的最火爆的作品就是情侣酒店特刊。当时，在大众杂志上专门介绍情侣酒店的做法可谓史无前例，因此大家在讨论这个主题的时候，还因担心会有社会问题而激烈争论。不过，多亏了当时的责任编辑和主编说服了高层领导，我们提出的情侣酒店特刊才得以顺利发行。结果读者反响热烈，在我们之后，各地资讯类杂志等各家杂志社都制作了情侣酒店特刊，还做成了杂志书和各种保存版重新发售，火爆程度已无须赘述。

现在看到《自游人》和"里山十帖"的风格内容，可能很难想象我们之前做过这样的主题特刊。但这和喜好无关，工作就是工作。能拿得出成果的，才是设计思维。

有关"目标媒介"的想法。

那么，针对《自游人》和"里山十帖"设定的目标客户，怎样做才能满足他们的需求呢？

我们放弃制作人气杂志这种稳定的工作，决定自行出版《自游人》是因为"我们想把更高品质的信息传递给特定的读者"。我们把杂志销量目标定在正常杂志的三分之一以下。也就是说，我们可以把"跨页7家店法则"变成"跨页2家店"，把7比3法则"变成"3比7"。

和做杂志一样，"里山十帖"只准备12间客房也是因为"我们只做自己想做的事情"。

我把"里山十帖"叫作"体感媒介"，如同每个人对杂志的喜好不同一样，不同的人对住宿设施的喜好也不一样。但是和杂志不同的是，消费者在书店看到杂志，觉得"这本杂志不合我胃口"的话，就不会去收银台结账，而旅馆有可能会因宣传的关系，吸引到"不合胃口"的顾客上门。

比如说，如果我们将"里山十帖"宣传成"新潟的高级旅馆"的话，会有什么状况发生呢？顾客的主要需求就会变成一泊二食预算3万日元，为了犒赏自己或者庆祝纪念日去旅行时下榻的旅馆。如此一来，随着目标顾客群体的扩大，我们也就要像《东京步行者》和《东京☆1星期》的想法那样，必须全方位地向顾客提供各种服务，变得和"适合庆祝纪念日的旅馆"和"讲究传统待客之道的旅馆"别无二致了。这么一来，锁定特定顾客群体的"里山十帖"，一定会招来客人的投诉风暴。

来"里山十帖"的客人中，有80%都是通过我们公司的官方网站预定的。为了防止顾客的来店成为我们彼此的不幸相遇，在网页上，我们尽可能地详细介绍了旅馆方针。现在我们暂时用的网络预订平台只有"一休"这一家。为什么不和其他的预订平台签约？这是因为，我们最害怕的就是在其他网站上，能用"新潟的高级旅馆""适合庆祝纪念日的旅馆"等关键词搜索到"里山十帖",导致来店的都是"不合胃口"的客人。

当然,造访"里山十帖"的客人中,有一半以上都是为了犒赏自己,或者是来庆祝纪念日的。不过,一开始就能感受到"里山十帖"的独特氛围,觉得"好像还不错"才到"里山十帖"来的客人,一定和因为"3万日元以上""带露天温泉的客房"之类的关键词而来的客人完全不一样。

还有一点也很重要,庆祝纪念日的这块饼虽然很大,但要是想满足各种客人的需求,就必须弱化旅馆自身的个性。如此一来,卖点就只能变成"客房面积100平方米""A5级西冷牛排"之类的了。在这种情况下,假如新潟的旅馆要和箱根、伊豆的旅馆竞争,那毫无疑问,首都圈的客人绝对会去箱根、伊豆。除非新潟的旅馆价格特别便宜,或者有其他特别明显的好处。

反之亦然。如果把自己打造成新潟的"庆祝纪念日的旅馆",为了生存,就必须把新潟县内的客人作为主要目标,和新潟县内其他的旅馆一起争夺当地的顾客,哪怕这种需求量在衰减。

所以,"庆祝纪念日的旅馆""有露天温泉的客房""3万日元以上"等关键词看似能锁定目标顾客群,但实际上完全不可能。

缩小目标顾客范围,只满足特定顾客的需求,关键在于引起"共鸣"。也就是说,必须要有一个像"里山十帖"这样的"目标媒介"(targeting media),更加明确地进行市场细分。

上：迎宾甜点
下：可以花一整天时间看书

Point 4

意外的组合引发创新

传统民居和现代设计的融合。

"里山十帖"的接待楼是将一栋房龄150年以上的旧民居改造而来的。这栋楼原本是一户富农的房子,它粗大的梁柱可以抵挡新潟的暴雪。整栋建筑都是用桧木做的,并且都上了漆。

九州的由布院温泉和黑川温泉的街道建设都很有名,在"最想去的温泉地""想再去一次的温泉地"等排行榜上,一直都榜上有名。构成它们街道景观的一个要素就是"传统民居旅馆"。但是大家知道吗?其实那里的很多传统民居都是从新潟移建过去的。那种朴素的乡村气氛都来自新潟。除了由布院、黑川温泉之外,其他地方也有以传统民居为卖点的旅馆,如果民居里有粗壮的柱和梁,则很有可能是从新潟移建过去的。

而令人遗憾的是,放眼望整个新潟地区,几乎没有一家旅馆很好地利用了传统民居这个卖点。这是因为对新潟当地的人来说,传统民居意味着"寒冷、阴暗、老土",留给当地人的只有负面印象。

对于传统民居,一直在都市生活的人的想法则很简单:"传统民居如此美好,应该好好保护它。"可实际上一直住在传统民居里的人却觉得它是"恨不得立马重建的负担"。

住在传统民居里的人憧憬的是窗户多、温暖的洋楼，有象征富裕的粉色或绿色的外墙材料。要是洋楼有三层，那么第一层就用来停车；要是下了大雪，雪会自动从屋顶滑落下来，无须自己铲除屋顶上的积雪；即使一楼被大雪掩埋了，二楼、三楼的生活空间依然明亮……在雪国，这样的房子就是富裕的象征。

如果问那些改建传统民居的人："为什么要推倒传统民居呢？"你会听到"因为不想爬到屋顶去除雪""想过上能在床上醒来的日子""想过有沙发的生活"之类的回答。

我们想做的旅馆，虽不是洋楼，但也有温暖的空间，而且床和沙发等家具一应俱全，能让客人们在这里度过一段舒适的时光。我想证明，比起被白色的PVC墙纸包围的空间，传统民居更适合摆放世界级的椅子和沙发。

既有概念阻碍革新。

冬天，根据"里山十帖"的客人嘴里说出的第一句话，我们就能判断他们来自哪里。

"里山十帖"的接待楼有10米高的通风空间，当客人踏进门后，就会发出第一声感叹。

感叹："挑高真高啊！好粗的梁啊！"这样的顾客一定来自大城市。

感叹："好暖和呀！"顾客应该就是新潟的当地人，或者是住在雪国其他地区的人。

对一直居住在雪国的人来说，待在传统民居里会觉得冷是理所当然的，根本不可能有这样温暖的传统民居，更何况抬头一看，"里山十帖"这里的天花板居然有10米高。被室内的温暖吓到的客人，唯一能发现的暖气设备只有眼前的柴炉，而看不到其他强劲的暖炉。客人一边办理入住手续，一边不停地询问我们的员工：为什么在老民居的空间内，还能保持这种暖度？

为什么会这么温暖呢？因为我们对民居做了彻底的隔热，改善了空调系统，并没有用什么最新的技术。但我们可能是全日本首家在老民居做这种尝试的，即当初，正当我们烦恼应该怎样解决巨大的传统民居空间的取暖问题时，突然想到某个销售洋房的目录上刊登过一种空气循环系统。

来"里山十帖"的客人中，要是有从事建筑行业的，总会问我这个问题：

"这个空气循环系统是谁想到的？"

"是我。"

每当我这么回答后，对方马上会一脸震惊地说："不是吧！"这种空气循环系统虽然只是将现有的技术重新组合了一次，却称得上是划时代的创新。所以很多人惊叹："不是建筑师居然能想到这种设计。"

"设计管理是谁做的呢？"

"也是我。"

交给专家或设备工人做，说不定反而做不出这种效果。人一旦有了"传统民居就是很冷"的成见，就不会去考虑如何把它变得更温暖了。根本没有人会想到要做好巨大老宅的隔热，装好空气循环系统。不过，当初那些说"绝对不可能"的土木工人和设备工人，最后还是帮我装好了这个系统。恐怕是因为看到我"毫不妥协地前进"的态度，所以才想"绝对要成功"吧。我想这也是一种"共鸣圈"了。共鸣推动项目成功，"里山十帖"就是这样的例子。

对环境友好的能源系统。

近10年，大家对环境保护的意识都在逐渐提高。特别是2011年后，包括能源在内的很多环境问题，都成了企业活动的重要课题之一。

在2011年大地震后，我去了许多国家视察自然能源的利用状况，比如丹麦、挪威、芬兰、德国、西班牙、新西兰、菲律宾……我参观学习了西班牙的太阳能热发电技术（不是太阳能光伏发电）和挪威的潮汐发电·波浪能发电等先进的能源发电技术。但最让我印象深刻的，是德国和北欧各国对于消耗能源的态度：它们提倡"把能源消耗控制在最低限度，舒适地生活"的概念，使用在当地随处可见的丰富能源——地源热泵系统。

很遗憾的是，在"里山十帖"开业时，与欧洲相比，日本的地源热泵系统的价格贵得离谱，让我不得不放弃使用它，转而选择对所有建筑进行彻底的隔热工程。

在以德国为首的欧洲各国，别说房龄150年的房子了，就连房龄200年、300年的老宅子都一如既往地被使用着。这些古老的房子之所以能在寒冷地区保存这么久，是因为当地人对房子做了彻底的隔热。隔热材料的种类也很丰富，即使拆了材料不再使用，材料在分解后也不会对环境造成危害。可惜的是因为价格太贵，"里山十帖"并没有使用这种材料。不过，在彻底隔热这一点上，我们仍然使用了和欧洲环保先进国家一样的性能好的材料。

在前面我也讲过，即使是在冬天，接待楼那栋传统民居里也十分温暖。其实客房楼的隔热做得比接待楼还要好，基本上达到了和北欧住宅同等级的节能效果。

实际上，在2014年冬天，正值旅馆试运营的时期，我们连续收到了不少意外的投诉。

"我把空调的温度设定在24摄氏度，但房间温度却到了30摄氏度，空调是不是坏掉了啊？"

也就是说，房间里太过温暖了。

"里山十帖"的客房楼是房龄23年的木构建筑，原本特别简陋。不过，我们重新剥下它的墙壁、地板和天花板，加装了隔热材料。虽然总共只有12间客房，但由于有着宽阔的空间，冬天的暖气费贵得吓人。承接下"里山十帖"之前，这里除了客房楼以外，其他的建筑内部都非常冷，冷得哈口气能看到白雾。即便如此，旅馆每个月的暖气费也要花250万日元。现在，不管是在"里山十帖"的哪栋楼里，人们都可以身着轻薄的馆服，光着脚走动。如今每月只需要150万日元的暖气费，不仅舒适性大增，支出费用也大大下降。

可是要说节约出来的暖气费用"能不能让工程费回本"，我想那是不可能的。开暖气的时间大概是11月到第二年4月末，6个月左右，可以节省400万日元。隔热及暖气设备的费用大概花了1.5亿日元，算起来光是回本就要37.5年，所以依靠节约的费用来回本不太现实。

不过，改造工程不仅让"里山十帖"室内变得更加"温暖"，还带来了让人感受到"宁静"的舒适感。

让冬天来"里山十帖"的客人大为惊奇，除了室内温度之外，还有安静。因为接待楼的天花板有10米高，为了让这样空旷的空间内里也有暖气，一般来说，顾客应该会听到空调风扇的转动声和暖炉的响声。然而在接待楼里几乎听不到这种声音。别说设备的转动声了，就连对流风都感觉不到。

打开客房的暖气后，能听到空调的运作声，但只要关掉空调，客房就会变成无声的空间。这是因为每间客房的墙壁里都放入了隔热材料和吸音板，只要空调停止运转，房间内就会变成近似录音棚般的无声空间。当然，由于客房楼是木构建筑，就算放入能彻底吸音的材料，如果隔壁讲话声音很大，依然能听得到；客房楼和走廊只隔了一扇门，走廊上的谈话声也会传进客房里。但不管怎么说，房间内还是相当安静。在我们的回头客中，有很多客人就是喜欢房间的安静才决定再次光顾的。

"疗愈"这个词被用得太多，有点过时了。但是"疗愈"对于现代人的旅行来说依旧是不可或缺的。

在Point 1的开头，我曾写过现代人"几乎没有温泉疗养的需求"了，但现在大家在"心灵疗养"上却有很大的需求，这个需求就变成了所谓的"疗愈"。我想要说对疗愈而言最重要的要素是什么，我想一定是"声音"。

大都市里到处都是噪声。人讲话的声音、电视的声音、汽车的声音、电车的声音、店里的音乐、招揽客人的声音、广告宣传车的声音……我们每天都被噪声包围着。

在提高"里山十帖"的能源效率的同时，我们也在声音环境上下足了功夫。到了春天，客人从客房走到阳台，拉开门的瞬间，就能听到外面的鸟叫、树叶的沙沙声和风声……声声入耳，令人心情舒畅。侧耳倾听大自然的声音，远比听古典音乐和治愈系音乐都要身心舒畅。

这是隔热和宁静的创新，是宁静和自然之声的联动。有信念的创新有时候会带来意想不到的收获。

Point 5

孕育真正『有故事的商品』

优质的时间才有"故事性"。

由于"里山十帖"散发着很强的信息性,所以有些人觉得"有点宗教味儿""感觉像在说教",所以不大喜欢。

当然,"里山十帖"与特定宗教或政党没有任何关系,因为制作杂志最重要的就是要有中立的视点。我们必须经常一边俯瞰自己,一边思考怎样才能满足顾客的需求,让顾客满意。

实际上我们经常听到造访"里山十帖"的顾客有这样的感想:

"来之前,这家旅馆给我的印象是旅馆内会举办交谈会。会不会强迫我听一些关于农业的说教之词啊?我一直心怀戒备。没想到来了之后,发现完全不是我想的那样,反而让我心里觉得空落落的。我想其实稍微办点这类活动也挺好的。"

"在网上看旅馆介绍的时候,总感觉旅馆似乎是在测试客人的品位。我担心说不定到旅馆之后无法好好放松。但实际来了这儿之后,发现根本没这回事,住在这儿让我觉得特别舒服。可是为什么你们要把住宿门槛定这么高呢?"

老实说，我们在网站上写的介绍确实有些语气强硬，不过我们这样做，都是为了将"顾客和我们之间的'彼此不幸的相遇'的可能性压到最低"，也为了让我们能了解到顾客具体的需求。

"里山十帖"把Luxury重新定义为"体验和发现才是真正的奢华"，但如果顾客不愿意亲自去看、去思考、去动一动，就不能获得真正的"体验和发现"。"里山十帖"的十帖指"十个故事"，在这里，我们提供的是让人满足求知欲的故事，以及最优质的时间。

实际上，仍然有许多人觉得"住一晚要花2万日元以上的话，应该为客人这样做"，"住一晚要3万日元的话，要……"等等。以他们的价值观来看，奢侈就是要用金钱去衡量。有人觉得"住一晚就要花2万多日元的话，那房间的面积应该有50平方米，一晚3万多日元多的话，房间面积应该有100平方米"，也有人认为"洗漱用品应该都用大牌，名牌SPA也必不可少"，"必须有大屏幕的电视和DVD"，"现在流行的管家式服务，怎么说都得有吧"。怎么说呢，这些消费者对于奢华的价值感受都是被动的，即使旅馆有一些故事性，对他们来说也是左耳朵进右耳朵出。

我在上一章提到，"里山十帖"并不是一家全方位地向顾客提供各种服务的旅馆。在进行改造工程的时候，我们当然也可以把所有房间改造成商务套房，再配备管家式服务，但我们并没有那么做。我们要把费用花在这些地方：保存传统建筑、追求食材的味道和安全性，以及全馆的隔热和节能。

靠自己去读故事、去体验，才能让印象更加深刻。正因如此，我们这里没有"谈话会"，农业体验会也是不定期组织。我们只会为察觉到农业乐趣的人以及对农业感兴趣的人提供服务，帮他们组织好农业体验会。毕竟经常做老一套的事情，容易让人疲惫……

故事的传播力与旅馆主人的审美成正比。

最近，不管是商品开发还是城乡振兴时，总会讲到"重点在于故事""要好好重视故事性"之类的话。要是这里的方向出了问题，那么到最后只不过是让大家绞尽脑汁想出一个牵强的故事。

故事性并不是指"编故事"。不是让人编一个从来都没发生过的传说，也不是创作一个角色再来编写他的生平和家族故事。当然，如果能有小说家和编剧那样的功力，写出一个完美故事的话，那也是一个办法。但是基本上很少有人能让自己作品的完成度达到那么高。

那么故事性究竟是什么呢？

不必刻意编故事，不管哪一座城镇，哪一家旅馆，其实都蕴藏着许多故事。历史、文化、自然，以及真正的传说……很多故事都可以拿出来再讲。而问题在于"故事太多了，不知道从哪个讲起"。

要讲什么样的故事，取决于讲述人，以及城镇的品位。

如果问我，在我心目中最有品位的旅馆是哪家，那便是京都的"俵屋旅馆"。用一句话描述"俵屋旅馆"的魅力，那就是它有"无法用级别去衡量的价值"。

比如说它的客房，虽然客房的面积非常小，但实际住过这里的人，都不会觉得客房很狭窄。客房的空间虽然狭小却极其舒适，能让人觉得十分满足。住在"俵屋旅馆"的人能感受到设计师的气魄，设计师以毫米为单位精打细算，绝不浪费每一立方米的空间。坐在客房里，还能眺望到美丽的庭院，光是在这样优秀的地方待上一夜，就能收获到用再多的钱也无法换来的价值。并且，房间内的摆设也非常讲究：挂轴、花瓶……不管是哪一件物品，都有它的作用。它们都是一些称得上艺术品的东西，却被若无其事地摆放在旅馆里。"俵屋旅馆"的料理品质也不输京都的名门料亭，装盛料理的器具也非常精致。

这样的旅馆无须进行任何解释说明，便能感受到它到处都是故事。能不能感受得到就要看客人了。这就是所谓的"重点在于故事"。

"俵屋旅馆"的空间可以说是日本文化的精华。反过来说，对于在狭小的空间里会觉得紧张和拘束的人，或者对房间内的摆设和器具不感兴趣的人而言，"俵屋旅馆"留给他们的印象可能只是"价格有些贵"。但是，对于追求精神世界富足的人来说，不仅不会认为住宿费用高，还会获得超越金钱价值的独一无二的感受。

若以这样的基准来看日本的旅馆，我想，几乎没有一家旅馆能像"俵屋旅馆"一样，拥有如此强的故事性。其他有故事性的旅馆，我也只能想到那须高原的"二期俱乐部"、由布院温泉的"玉之汤""龟之井别墅"、轻井泽的"星野"……也难怪日本的旅游业难以兴盛，甚至越来越差。

旅馆的故事性就是旅馆主人的编辑能力，故事的传播力也和旅馆主人的审美成正比。"里山十帖"和这些旅馆比起来，还只是刚刚起步。不过，我希望透过思考故事性的本质，为新潟县以及日本的旅游业的发展助一分力。

Point 6

目标是为地区带来创造性的贡献

传统蔬菜支撑起"有人生价值的农业"。

一提起传统蔬菜，大家总是会立马联想到京都、金泽和镰仓这类古都。这完全可以证明我们的宣传能力有多么的弱。其实传统蔬菜并非只有古都才有，在任何一个地方都有传统蔬菜。只是这种必须由自己种植的传统蔬菜在不知不觉中变得不再流行，只有在游客众多的古都，还保留着这种种植方式。

在新潟这边，大家种植传统蔬菜并不是为了吸引游客。新潟是雪国，有一定的封闭性，而且当地人一直还存有自给自足和循环农业的想法。所以，虽说这里的传统蔬菜也在逐渐变少，可谓是风中残烛，但各地还是保留有很多传统蔬菜。种植传统蔬菜的都是一些七八十岁的老爷爷和老婆婆，一般都是种给自己吃，所以市场上几乎没有流通的传统蔬菜。为了能在"里山十帖"吃到如此珍贵的传统野菜，我们在新潟县内四处奔波，收集当地的传统蔬菜。到了第二年，我们开始签订传统蔬菜栽培合同。之所以这样做，是因为我们确信，种植传统蔬菜能够为这个地区的"有人生价值的农业"的发展助一臂之力。

今后，日本农业一定会朝着大规模化方向发展。否则，日本农业就会面临危机。新闻媒体经常报道日本农业后继无人，但实际上，在所有农民中，有82.2%的农民是兼职的，做的是自给自足的小规模农业；能靠务农维持生计的专职农民只占全体的17.8%（数据来源：2010年世界农林业人口普查报告）。再加上考虑到将来的农业会变得更加集约，而且会逐步进行大规模农业经营法人化，可以说在今后的时代，那82.2%的兼职农民，将不再是农民。

那么为什么会有农业后继无人的报道呢？那是因为农民总说"希望我家那个小兔崽子能回来继承家业"。实际上，这并不是农业问题，而是农村无法提供足够的兼职等收入来源，是就业岗位不足的问题。其实是经济问题，但由于各种各样的意图，被说成了农业问题。

不过也不能忘记一种危机感，"如果把田地卖给专业农民或者租给他们，我们就不再是农民了"。当农民不再是农民，家族和地区的身份认同就有可能崩溃。但话说回来，全日本的兼职小农户在种植大米时效率非常低，在农业机械化发达的今天，投资成本完全不匹配他们的收入。

相对于栽种水稻，属于园地栽培的蔬菜种植的特点是单位面积的产量和经济收入都很高，而且需要投资的机械设备少。

也就是说，如果以"心的农业""有人生价值的农业"的形式去栽种传统蔬菜的话，兼职农民不仅可以继续做农民，还能增加收入。

传统蔬菜有成为旅游地最引人注目的商品的潜力，所以可以用比普通蔬菜更贵的价格采购。不过，就算蔬菜的价格再高，也远远比不上和牛、螃蟹、鲍鱼那种高级食材的价格。处理蔬菜虽然需要花很多工夫，但能支撑起当地的"有人生价值的农业"，对旅游地区来说应该也是一大优势。

聚集的价值。

"里山十帖"的十个故事中，有一个故事叫作"集"。它是指"一个让客人们相聚、相遇的新场所"，"希望通过大家的相聚创造出新的价值"。而且参与者不限旅馆的住宿客人。

"里山十帖"不接待只来泡温泉的客人，餐厅也不在中午营业。虽然客人可以只来吃饭不来住宿，但是由于套餐的定价最低也要12800日元，使得当地人不会随便上我们餐厅吃顿饭就走。即便如此，我们仍希望"里山十帖"能够成为给当地的人们带来新的惊喜和发现的场所。因此，我们每个月都会举办一次活动，参加活动的人都基本上只限旅馆的住客，但若是南鱼沼市、鱼沼市、汤泽市、十日町市、津南町、群马县水上町、长野县荣村等周边居民的话，只需要交1000~3000日元的会员费，就可以到"里山十帖"来，参与我们的一日游活动。

受邀参加我们谈话活动的嘉宾都是现在备受瞩目的年轻艺术家、设计师以及各行各业的专家。平面设计大师川上俊、建筑家兼产品设计师的郑秀和、自称"NOSIGNER"的太刀川英辅、前武雄市市长樋渡启祐、旅馆行业分析师井门隆夫，都曾受邀参加过我们的活动。

我们的谈话活动非常有趣，参与活动的人形形色色，大家互相交流，这在东京等大都市的活动中是无法想象的。要是在东京，设计师发表演讲时，听众基本上都是设计行业的人。而在"里山十帖"的活动中，聚在一起听设计演讲的可能有对"设计"完全不感兴趣的木匠、便当店老板，或是当地的司法代书人、旅馆经营者、旅游协会的职员、市政府的职员、市议会议员、农业生产者……甚至还有很多难以定义职业、价值观、生活模式的人也来参加。

聚集在这里的人有一个共同特点，即他们都"希望把这个地区变得更好""想改变这个地方"。我想，有这种想法的人相聚在一起，听别人分享的内容，接收刺激，然后又互相交换想法，这是非常有意义的。

问起参加活动的人的感想，有人说"不知道呢，今天的那位设计师讲了什么我完全没听懂"，但后来又说"但他讲的东西还挺有趣，我好像可以参考看看"。嘴上说听不懂，但又确实获得了一些灵感。

我想，参加一两次活动可能看不出来什么变化，但是持续参加一两年活动后，说不定能引发一些化学反应。虽然我们是一家仅有12间客房的旅馆，但我们却能给地区带来很多的可能性。从这一点来看，旅馆这种媒介，所具有的可能性也是无限大的。

每月一次的创意沙龙

Point 7

对看不见的成本和风险，要更敏感

越能满足客人需求，广告宣传费就越少。

在日本，大部分的传统日式旅馆都不喜欢连着住好几天的客人，甚至有旅馆拒绝接待连宿客人。最近，能接受客人住两天，但客人一旦连续住上三四天，就要开始"求饶"的旅馆大幅增加。

为什么会有这种情况发生？原因出在旅馆的料理供应上。传统日式旅馆每天提供的料理内容都是一样的，一旦遇上连宿好几天的客人，他们就不知道该怎么准备饭菜了。对旅馆来说，连宿的客人让人头大，而最让人感到轻松的要数第一次来住宿的顾客。

无论怎么想，这都让人觉得很奇怪。对旅馆来说客房就是商品，一位客人住一晚上，就等于只卖出了一件商品。如果客人连续住上两晚旅馆就卖了两件商品，住三晚就是卖了三件商品，要是客人连续住了一个星期，那就是卖了六件商品。如果客人成为回头客，就等于省了一笔广告宣传费用。

以前，旅店都是通过旅行社招揽生意的，旅行社的佣金是房价的15%。

随着网上旅游平台的不断发展，有段时

期的佣金差不多降低了一半，到了7%左右，但后来又慢慢上涨，现在差不多是10%，并且还在不断上涨中。参考国外网站的趋势来看，佣金可能会超过20%。而且，自从我们把宣传平台换到了网络之后，广告宣传所需的费用要比"纸质时代"还多得多。在很多旅馆，若是算上广告宣传费用、手续费等相关花费，不是就已经超过了20%的营业额了吗？

　　当然，面对如此巨额的支出，旅馆承受的压力很大，所以大家都想尽可能地降低支出。例如"想办法让客人从旅馆的官网上预订房间""尽量增加回头客"，等等。但现实往往是这些旅馆就连为连宿的客人准备好几天的餐饮都做不到。那么，要是客人问："你们可以接受客人只在这里住宿，不在旅馆里用餐吗？"他们又会回答："只住宿不吃饭的话，就请别住在我们这里了。"理由是客人不用餐只是住一晚的话，客单价就会降低。

　　不管是哪个旅游地区，哪家旅馆，都把"入境游客"这一词尊崇成魔法咒语挂在嘴边。仿佛只要把这个词念上三次，外国游客就会蜂拥而至。

　　但现实是，这些旅馆不希望客人连续住好几天，也不能接受客人只住宿不在旅馆里吃饭。这样的话，念咒语也没有用。

　　而"里山十帖"最欢迎连续住上多日的客人。有许多客人喜欢来这里住上个五六夜。当初，为了减轻厨房员工的负担，我们曾想过把周边的饮食店（就是在后面"创造市场的构思"一节中介绍的雪国A级美食认定店）介绍给住三晚以上的客人们，让他们自己去那里吃饭。但其实，正是有了每个月来我们这里住上三晚，甚至连续住五晚的客人，我们厨房员工才会士气大涨，充满干劲。

"这次某某要来我们这里住五天！那么我们这次要端上什么菜给他惊喜呢？"

看到厨房同事工作时的高兴模样，我深刻地意识到，对于旅馆来说回头客有多么的重要。

这些连宿的回头客几乎都是通过我们的官网预约房间的。原因很简单："只有在官网才有预定连续住宿的选择。"看看"一休"网站的数据就能清楚知道，通过一休预订房间的人，很多都是为了庆祝纪念日或是有"特殊关系"的客人，因此他们绝大多数都只预定一个晚上的房间。

当然，每位客人我们来说都很重要，不管是谁光临"里山十帖"，都会感受到我们诚挚的服务。只不过，对比用我们官网预定连续住宿的客人和通过其他需要我们支付佣金平台的客人，哪边的人数多一点才能提升营业效率，我想答案不言而喻。

的确，连续住宿会打乱正常的业务流程，导致劳动生产率降低。但厨房应该是旅馆里的创意部门，若是自家公司的创意人没有干劲，那就无法满足特定的顾客层的需求了。

如果以效率优先而拒绝想连续住宿多日的客人的话，官网的预约量也必然会下降。旅馆通过餐饮压缩成本，或许是出于对现实的考量，可这么做就会导致恶性循环——一些看不到的宣传费用和拉客佣金等会使旅馆的经营受到更大的压力。

如何被媒体关注。

有些人曾说过这样的话：

"因为'里山十帖'有自己的媒体，所以才有那么多客人来。"

"你们做了那么多宣传，当然会有这么多客人上门啊。"

"果然不管是旅馆还是旅游，都必须要有宣传预算啊。"

的确，我们出版的杂志《自游人》对吸引顾客来"里山十帖"有积极作用。但是仅仅是靠《自游人》，还是不足以让一家只有12间客房，并且还位于新潟县南鱼沼的旅馆满房。

即使客人一开始来"里山十帖"的契机是《自游人》，但后来上门的客人都是得益于之前的客人的"共鸣的连锁"。

我们被多家媒体报道，也不是因为我们花了很多广告宣传费用。读过第1章就会知道，"里山十帖"根本没有多余的钱能用在广告宣传上。被多家杂志和电视台采访，也是多亏了"共鸣的连锁"。很多媒体人实际来过"里山十帖"后，认为"这里说不定可以成为报道对象""这里挺新鲜的"，所以在夏季之后，前来"里山十帖"采访的媒体突然暴增。

不仅是媒体人，我们也经常收到客人这样的意见：

"听说你们是改造后的旅馆，所以我还以为和其他的旅馆一样，只是稍微重新弄了下大厅和客房，把照片拍得好看了一点而已，没想到你们居然下了这么大的功夫，真是让我惊讶。"

"以前，我觉得改造类似'补妆'，只不过是很轻微的修整。而我却在'里山十帖'感受到了很多可能性。当然传统民居本身就已经非常气派了,但平平无奇的客房楼也能重生成这样,我想不仅是对旅馆,它的变化对很多住宅和旧公寓等木构建筑来说,是非常棒的参考。"

"因为是从旧房子改造而来的,所以难免还留有一些不大便利的地方。但老旧建筑能被重新调整到这种地步,我想是其他改造过的旅馆比不了的。而且,和新建的房子不同,待在改造过的旧房子里,感觉仿佛被柔软的东西包裹似的,非常不可思议,也非常舒服。"

为什么"里山十帖"被很多杂志介绍,很多回头客愿意再次光顾?我想,这难道不是因为大家对其社会提案性有了"共鸣的连锁"吗?当然,"里山十帖"被刊登在杂志上时,主标题一定是介绍"绝景露天温泉"。因为杂志方和我想的一样,知道"绝景露天温泉特刊一定会大卖"。即使把"里山十帖"的改造过程写得再详细认真,也没有读者愿意看。另外,或许杂志社也认为,这是"去了以后才能体会到的乐趣"。

我常常在想,未来的企业会被越来越多地问及"如何满足社会的需求"。媒体以及敏感度较高的客人,也会从这个角度选择报道对象和住宿地点。反过来说,这意味着未来的社会对企业等有更严格的要求——"如果对社会没有帮助,就没有存在的必要。"

提到企业对社会的贡献,大家容易联想到捡垃圾、举办活动这种肉眼可见的事。很多人觉得企业对社会的贡献就是"多出点钱"。

我必须考虑我们公司在社会上所在的位置，从宏观的角度设计地区和公司应有的姿态。我在新潟鱼沼地区已经住了十年多了，我认为在乡下，特别是在旅游地区，极其缺乏这种深度思考。即使这些地区拿到了很多补助金，也不会有什么改变，甚至还有可能变得更糟糕——因为只顾自己眼前利益的人实在是太多了。

不管是为了被媒体关注、获得更多的回头客，还是为了事业能够持续地发展，我们都必须摆脱过去商业计划书的束缚，迸发出新的想法和构思。

商业计划书会妨碍思考的推翻与重建。

在我经营公司25多年的生涯里，最让我觉得白费功夫的就是商业计划书了。

刚创业的时候，我读了很多书，不管哪本书上都写着"着眼于3年或5年后的未来，写下你的商业计划书吧"。

的确，对于刚创业的我来说，写商业计划书有助于自我启发。可是商业计划书中需要写清详细的数据，因此就要花费大量的时间。如果要写3年后、5年后的计划，更是要殚精竭虑。当时我连觉都不舍得睡，同时进行着制作杂志和撰写商业计划书的工作。

有件事我从未公开过，也没有任何人知道。实际上，我有一位朋友是某家上市公司的社长。在他刚上任的时候，我就卖了我公司一部分股份给他，我们公司成了他们公司的子公司

（不过很久之前就解除了这种关系，重新把股份买了回来）。

就是那个时候，让我深深地觉得，写商业计划书是一件多么愚蠢的事情啊。在瞬息万变的时代里，预测数年后的事情就相当于"占卜"，为了让自己预言的内容实现，不惜歪曲现实，自圆其说，这种行为让我感觉不到任何创造性和生产性。

"里山十帖"没有所谓的商业计划书。当然，我们计划了营业额目标和客房入住率目标，但不会把它们写在"商业计划书"这种书面文件里。相对地，我们公司对当下的数据把握得非常严格。

在我们公司成为上市公司的子公司的时候，对方会计部门的部长看了我们公司的试算表和财务报表之后说：

"一家连会计部都没有的中小企业，而且还是通常对糊涂账习以为常的出版社，居然可以一下子拿出来这么准确的财务报表，真是难以置信。"

在我运营公司的这些年里，遇到过的经营危机绝不止一两次。每次我都深切地感受到，最重要的不是纸上谈兵的商业计划书，而是当下的试算表。当然，我们必须制订将来的计划，但如果太固执于计划，就会一步步陷入无法挽回的深渊。

"思考的推翻与重建"。我们甚至认为，需要不断地推倒再重新构建商业计划，所以，商业计划书还不如不做成书面的文件比较好。

现在，随着经济学的发展，已经到了认为"什么都可能预测"的时代了。但要是哪里出了意外就会引起大家的骚动，并质疑"为什么没有事先预测到"；要是出现财政赤字，人们就会责备"不是应该事先预测到吗""预测得过于乐观了"。结果,人人都成了评论家,却无法具备投资家或企业家的眼光,不敢冒险。于是,大家都一齐选择最安全的路,或重走其他公司成功的道路。就这样,市场不一会儿就被蚕食干净,经营方法也很快变得陈旧。

  以"里山十帖"为例,在我们承接下旅馆的时候,就被人指出"设备检查得太马虎了"。或许有很多人看到第1章体验记的内容时,也是这么认为的。我们被很多人指责:"为什么没事先预测到这些情况呢?""只要事先做了那些检查,不是就不用这么痛苦了吗?"但如果我当初真的这样仔细检查旅馆的话,就不会有现在的"里山十帖"了,而且在被银行宣告"你们公司三个月内就会破产"的时候,说不定我会因胆怯而中断工作,然后真的破产。

  预测和计算风险都很重要,可如果在决策时把它们当作最优先考虑的事项的话,就不可能产出新的价值了。因为,如果真的能预测所有的事情,那就不需要经营者,也不需要设计思维了。

Point 8

聘用人才的关键词也是『共鸣』

用主流招聘渠道不能找到合适的人。

从2012年接手这家旅馆开始，招聘厨师就成了我们最大的难题。最开始的时候，我们在 Hello Work 上刊登了招聘消息。当时我们认为，只要在求职杂志上发招聘广告，应该会有很多人来应聘。然而我们左等右等，就是没有应聘的人来。偶尔有人来应聘，但只要我一谈到我理想中的料理内容时，对方就会立马说"我做不了"。来应聘的厨师都是在传统日式旅馆的厨房里工作过的人。对于这些已经习惯"旅馆料理"的人来说，我提出的要求实在是"太麻烦"了。

我想做的料理和"旅馆料理"完全不同，它是新形式的自产自销料理。这是一种可以让食客感受到土地的魅力，并且发挥食材原味的料理。倘若将我脑海的设想转化成文字，那便是"自然派日本料理"。

与京蔬菜、加贺蔬菜相比，新潟的蔬菜几乎不为人知，但其实新潟有十分丰富的传统蔬菜和野菜，还有酒曲腌菜、味噌腌菜、盐腌菜、干菜等食品保存文化，以及鱼沼产的越光米。我的目标是引入这些食材以及当地的饮食文化，打造新的"地方饮食"。除此之外，我还告诉来应聘的厨师，我希望他们在做菜时用传统调味料，而不是用添加剂、白砂糖等化学调味料。

在我看来，和其他地方的厨房相比，我们在原材料上投入的钱更多；在我们这里也可以用与东京、京都料亭同样品质甚至更好的调味料和高汤；我们也允许厨师花更多的工夫去备菜……我想，那些在旅馆厨房里干得憋屈但依旧有干劲的厨师们，应该会对我们这里感兴趣吧，即使不会蜂拥而至，至少也会有几个人来应聘。

仔细想想，这也是不难理解的。姑且不论箱根或是伊豆的情况会不会更好一些，但愿意来新潟县而且还是鱼沼工作的厨师，是根本不会对《自游人》杂志感兴趣的。而且我们是用前家店的名义招聘的，来的人对我们公司的理念和经历也一无所知。

遇到有干劲的厨师，完全是靠"概率"。本来愿意来应聘厨师的人就很少了，还想要找到适合"里山十帖"的厨师，简直是希望渺茫。

乡下"和食料理人"的现状。

话说，"和食"已被联合国教科文组织登记为非物质文化遗产了，日本也被世界各国认为是"美食之国"，许多欧洲厨师都在研究日本料理的精髓。尽管这样，做日本料理的厨师还是越来越少，想在乡下招到日本料理厨师更是极其困难。

和食被联合国教科文组织登记为非物质文化遗产，是可喜可贺的事情。但若看到和食和日本料理都正逐渐变成消逝的"遗产",还能高兴得起来吗?我的心情真的很复杂。

要说为什么会出现这样的状况,这是因为想成为日本料理厨师的人越来越少了。在厨师职业学校里,最受欢迎的科目是意大利菜和西点,很少听说有年轻人愿意学做日本料理。另一方面,随着东京和京都的米其林餐厅指南的出现,餐饮行业加速发展。厨艺高超的厨师总是有很多赞助商,日本料理在全球掀起一股热潮。不仅在日本国内,纽约、伦敦、香港等地都纷纷向日本料理的厨师抛出橄榄枝。

在我们寻找厨师的时候,认识的日本料理店的老板都异口同声地说:

"说心里话,要想聘请一个符合你要求的厨艺高超的年轻人,一般的薪水吸引不到他们的。旅馆也不可能付得起这么高的薪水吧?"

而且,还有某位料理研究家说:

"你想想看,东京、京都那些厨艺过硬又有自己世界观的日本料理店,有多少人会去呢?甚至有的人一辈子都没去过那里吃过。一般来说,日本人最熟悉的日本料理就是在传统日式旅馆吃到的,也就是说,对吃日本料理的人和做日本料理的人来说,所谓的日本料理,就等于'旅馆料理'。所以,要是想找做旅馆料理的厨师还能勉强找到,要找做日本料理的厨师就很难了。"

有位意大利料理厨师则说:

"在意大利和法国,到乡下开餐厅是很常见的。而且有很多做意大利菜或做法国菜的厨师都在考虑'总有一天到乡下去开家餐厅'。但日本料理没有这种文化。此外想着'总有一天到乡下开家餐厅'的人,通常会'把餐厅开在自己的故乡'。所以,首先要解决的问题就是如何找到鱼沼出身的厨师,但光是这么做就已经有相当大的难度了。"

亲自站在现场,唤起"共鸣"。

于是,我们便选择了另一个战略——"自己做菜"。

大部分人听到我们的决定后,都大吃一惊,问我们:

"你们公司里有厨师吗?!"

"没有。"

听到这个回答后,他们更加诧异了,脸上的表情仿佛在说:

"真是胡扯!又不是开民宿,你们到底要给客人端出什么样的菜啊?"

我们采取的战略叫"撒饵"。

"就算告诉这里的当地人,我们想做的是新风格的料理,他们也无法理解。但我们又不希望在找到理想的厨师之前,把旅馆料理作为'替补'端出来应付客人,我们做不出来这样的事。既然如此,不如我们就在自己的技术范围内做出自己想做的料理吧。到时候,一定会有人上门应聘,觉得'这种我也做得出来''我也想试试做出这样的料理'。"

我们从2000年开始经营品牌"Organic Express",做食品销售,到现在已经有十多年了。虽然我们并不是专业的厨师,但我们对做饭的食材和调味料非常了解,可以称得上专家了。而且在我们公司里,有很多在职的员工都非常擅长做菜。不管是网络销售还是制作其他公司的产品目录、做菜摆盘，我们全都做过。所以自己做菜这种事情，我基本上不用担心。当然，我们做出来的料理和理想还有很远的距离，但起码比端出旅馆料理给客人要强得多。

不是"中途休息式工作[1]"而是"多重任务工作"。

应聘服务员的人来自全国各地，他们都是对"里山十帖"有"共鸣"的人。其中有外资企业的翻译，有豆腐店第三代老板，还有在大型通信公司的人才教育部门或餐厅工作过的。和一般的传统日式旅馆的服务部门不一样，我们的成员组织更加多元，而且，原本在《自游人》工作的编辑或食品销售部门的员工也是都是人才。有精通外语的，有数学系毕业的，还有美术大学毕业的……他们个个都身怀绝技。我们的总经理曾在外资城市酒店工作过，加入《自游人》之后，负责食品的企划和采购。

熟悉旅馆行业的人曾对我说："传统日式旅馆的服务很特殊的，你们团队里一个相关经验的人都没有，居然还把旅馆运营得这么好。"而我认为，倒不如说正是因为大家"没有经验"，所以"里山十帖"才能经营得下去。旅馆的工作形态相当特殊，在我看来，就是这种工作形态阻碍了旅馆近代化发展的脚步。

通常，旅馆服务人员的工作时间是从早上6点开始。他们准备早饭，把饭菜端给客人，直到10点或者11点客人退房为止，如此

---

1. 中抜け勤務是宾馆、旅馆、餐厅等出勤方式的一种，员工在工作中途有长时间休息。

工作4个小时后再去休息。接着再从14至15点回到工作岗位,办理客人入住手续。一天的工作结束时,已经是客人吃过晚餐后的20至21点。一天中会有4～5小时的休息时间,这种常见的工作形态就是所谓的"中途休息式工作"。一天的工作时间算起来有8小时,偶尔会加班1～2小时,但工作时间一般都被限定在6点到20点,甚至21点。工作时间实在太长,所以很多服务员都不会在传统日式旅馆里长干。

现在的旅馆行业不仅留不住员工,就连找到优秀的人才都极其困难。而且找不到员工来轮班已是司空见惯,所以经营自家旅馆的人常常要自己从早上6点一直忙到深夜,自然无法休息。如果是由代理人经营的旅馆,就需要员工牺牲自己的休息时间,持续地工作。

现在的旅馆的服务风格是在团体旅行的时代建立起来的,当时每间客房里住4～5名客人。所以,正如我在第1章讲的一样,如果不提高每间房的入住人数,旅馆就难以经营下去。但在劳动相关法律法规越来越严格,以及"小费"制度消亡的现在,过去那种讲究"无微不至的待客之道"的经营方式,可以说让旅馆苦不堪言。

为了解决这种问题,先进一点的旅馆把排班分成早班、午班、晚班,并在此基础上安排午餐时的服务。于是,最近有很多旅馆开始经营起了咖啡馆和餐厅。比如说,早班人员只需要从早餐开始工作到午餐结束,晚班人员则从午餐结束后的咖啡馆营业开始时间工作到晚餐结束。这样,通过加入新的业务,就可以避免员工休息时没人工作的状况了。

位于深山、无法开餐饮店的旅馆则采用了其他的办法。

通常在旅馆里，清洁工作都是交给兼职的专业清洁工，或者是找外包的公司来做。但由于打扫卫生的时间刚好是旅馆员工休息的时间，所以，有的旅馆没有把服务人员和清洁人员划分开，而是采用多重任务的方式，由同一个人同时负责这两项工作。他们把工作人员分成两班，一班从早餐时间工作到中午做清洁的时候，一班则从清洁的时候开始工作到晚餐时间，也就是说实行这种早班、晚班两班倒的制度，也不会出现员工休息时没人工作的情况。

我们也想在"里山十帖"采取这种没有服务空白时期的早晚轮班制。

但是，在我们这种地方，即使另设咖啡馆，也不能期待平日里有顾客上门。因此，我们选择结合清洁工作，安排早晚轮班的制度。

我想，那些习惯在旅馆有专门的女性接待员为他服务的客人，一定很难适应我们这种轮班制的旅馆。

"我希望从入住开始，一直到晚餐、第二天早餐结束为止，能有一位像日式女招待一样的服务员为我提供所有服务。"

很遗憾，我们无法满足客人这种要求。

"我们想给客人提供新的体验与发现。"

"希望客人在这里度过发自内心轻松的时光。"

我认为，有这种想法的热情的年轻人聚在一起，一定对今后的旅馆经营、旅游以及地区发展尤为重要。

还请客人理解我们，多多包涵了。

中途休息式工作和多重任务工作的比较

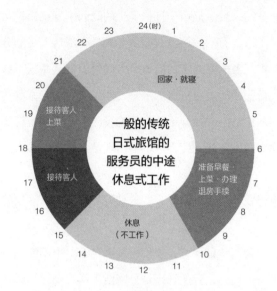

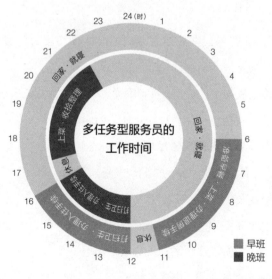

Point 9　创造市场的构思

不要跟风做B级美食或地区吉祥物。

为了追求有故事的商品开发，近年来，各地地方政府最热衷的就是"开发新的B级美食（当地美食）"。我绝不是反对用B级美食来振兴乡镇，但现如今开发B级美食已风靡全国，各个地方都在照葫芦画瓢，真不知道要画几十个才够。而且，值得考虑的是，是把当地并不是很有名的一道菜挖出来作为当地的B级美食好呢，还是应该征集新创意，创造新的当地美食好？当然，通过这些活动能让"商店协会成员更团结""让青年更有干劲"，在组织运营方面可以说有积极影响，但是否能以此开发出"有故事的商品"，还是值得打个问号。创作出来的当地话题，除非完成度相当高，否则只会昙花一现，为地方的振兴带来长期贡献的概率非常低。

地区吉祥物也是一样。有些人认为"即使地区吉祥物已经流行很久了，但'熊本熊'和'船梨精'不也还是爆红了吗？"但是，为了让"熊本熊"全国走红，熊本县用了专业的传播手法；"船梨精"则是因为和其他地区吉祥物相比，有着强烈的个性，与众不同。这两个吉祥物都是由专业人士打造的（是不是某个领域的专家另当别论），不是随便就能轻易模仿的。

可以说，农产品的品牌化也如出一辙。为了塑造品牌，在取名字的时候添上当地吉祥物的名字，最近已经渐渐成为固定操作了。大多数情况下，流程是先决定名字、制作商标，最后加上当地的吉祥物，到此便结束了。其实更重要的，是要确定商品是为了满足顾客什么样的需求，为了什么目标，而不是盲目追求品牌的虚名。

品牌的意思，查查字典就一目了然。品牌，最重要的是品质。和企业的研发部门孜孜不倦地开发新技术、互相竞争一样，农作物也应该这样，首先考虑的应该是如何产出高品质的农产品。当然，各个农业试验田都正在这样做，也有不少农民在追求这样的目标。可是，一提到地方品牌，就试图把那个地区所有的农产品都捆绑在一起，而这些产品的质量可能有很大的差别——这是一个很大的问题。

还有一个问题就是，如果农产品的品牌化、当地的美食和当地的吉祥物都难以实现地方振兴，那么原因便在于责任的归属不够明确。

企业在做某项工作时，一定会被追问成果。除了营业额之外，是否对提高公司的知名度有贡献、品牌力是否有增强等问题都会受到查证。结果的评价直接决定负责人的待遇。而另一方面，我从未听过负责地方振兴的部长、科长等引咎辞职，也没听过有谁被降职。

一般而言，商品的品牌化少说也要花个三五年的时间，需要做好中长期规划后再进行。但行政主体受限于年度预算，所以很难去考虑中长期的品牌化流程。

从旅游圈的演讲开始的雪国A级美食项目。

都市人看到乡下的村落，想必都会觉得"大家关系很好，邻里相处和睦"吧，不过在旅游地区就不一定了。特别是现在这种住宿人数减少，住宿单价下降的情况下，各家旅馆为了争夺顾客而产生的纠纷接连不断，感情上的纠葛让彼此之间的隔阂越来越深。

在为了打造地区魅力的一年一度的活动上，大家才会齐心协力。但若是邀请大家以长期眼光共商区域发展战略，并不是件容易的事。哪怕大家都同意"必须要为地区的发展做点什么"，但一谈到细节问题，大家又会因为价值观的差异产生意见上的分歧，难以达成共识。在旅游业景气的时代，大家很容易团结在一起，但对现在的旅游业来说，唯一让人觉得还有盼头的就是入境游客了。

但是访日外国游客的人数，目前也才刚刚超过1300万人。即使是举办东京奥运会的2020年，目标游客人数也才2500万人。就住宿总人数来看，日本一年的住宿人次是4.659亿人，其中外国人现在只有3350万人，只占据了市场的7%（数据来源：日本观光厅2013年住宿旅行统计调查）。全国各地的旅游地区都想抢到这一小块市场。显而易见的，除非制定出相当好的战略，否则将以失败告终。

"雪国A级美食"计划就是在这样严峻的状况下诞生的，我们的目标是"让游客能够重新认识当地的魅力"。这里的"A级"是套用B级美食的命名而来的,并非指食材有多么的豪华,也不是指坐在高级餐厅里吃饭,它的含义是"想要'永久'留存的日本味道"。

这一切都始于2010年10月。当时,我在大范围区域旅游圈——雪国旅游圈的学习会上发表了一次演讲。演讲的主要内容可概括如下。

想永久留存的味道,就是A级美食。

● 日本各地正通过B级美食进行地方振兴。在我们当地也有很多人认为:"用B级美食促进地方发展不是很好吗?"

● "便宜又好吃"的B级美食与"二战"后的饮食文化有着密切的联系。当时,大量的廉价面粉被运到了日本,随之而来的,还有从中国东北地区撤回日本的人带来的饺子和拉面。俯瞰B级美食全貌,可以称之为"输入型面粉的文化"。

● 要考量B级美食,就要回顾"二战"后的历史,这一点非常有意义。可是我们这里是全日本少有的还保留着浓厚的和食文化的地方,是极其特殊的地区,我们应该把这里的饮食文化当作旅游资源,积极地宣扬出去。

● 相对于B级美食,什么是让人想"永久"留存的日本味道?我想,除了大米之外,别无他物。让日本引以为豪的大米文化成为A级美食,让它成为地区建设的象征吧,大家觉得怎么样?

旅游和农业联手协作，才是滋润地区的关键。

- 为了把传统的饮食文化打造成旅游招牌，就必须促进当地农业的活力。纵观日本全国，旅游行业的人和农业生产者之间还未建立起良好的关系，我们这里也是一样。

- 现在，通过问卷调查来询问人们旅游目的是什么，答案基本上都是把"食物"排在第一位的。我们这里不只有越光米，还有传统蔬菜。另外日本酒、味噌、发酵食品、干货等，这些宝贵的饮食文化在日本可谓是风中残烛，却在这里被保留了下来。根据问卷调查的结果可以看出，推销当地的饮食文化，是可以让地区获得重生的关键。

- 而现状是，我们当地的一些传统日式旅馆、宾馆并没有使用越光米。很多人觉得，全国很多旅馆、宾馆都是这样，不用越光米是稀松平常的事。但我认为，这对到新潟旅游的客人来说，是非常严重的背叛行为，总有一天会遭到报应。

- 如果旅游的关键是"当地的饮食文化"的话，农业生产者自然会因此获益。旅游和农业应该紧密合作，成为让地区"永久"持续发展的关键。

摆脱空有口号的"自产自销"吧。

- 在旅游地区，很多人都大声吆喝"自产自销"，可实际上这只是表面上的口号而已。不仅旅馆里用的食材，就连土特产店里卖的特产原材料都是外国进口的，这样的情况可并不少见。比如，全国各地都在卖野菜荞麦面，荞麦面上搭配的野菜很多都是中国产的。还有做腌菜时，腌菜的原材料很多时候也都是国外的。近年来，食物的产地标记和原材料标记的规定一年比一年严格，所以，我们应该比其他旅游地区更先一步，给游客提供当地生产的，并且只有在我们这里才能吃到的原汁原味的食物。

● 话虽如此，在旅馆和餐厅的厨房里工作的人，根本不知道在自己使用的食材里面，当地产的占比到底是多少。现在，蔬菜和鱼都是从中央市场买到手的，所以向菜贩和鱼贩订购的蔬菜和鱼究竟是哪个地方产的，大家都不大清楚。因此，我们首先要重新评估一下我们当前的情况，弄清楚自己使用的食材到底产自何处。

以真正的农工商合作为目标吧。

● 如果这些机制能够好好地发挥作用，那么不只是旅游、农业，对当地的农产品加工行业和食品加工行业的人来说，他们也能获得新的商机，实现真正的农工商合作。

● 日本正在推动农业生产者的第六产业化[1]，理论上看起来似乎还不错，但实际上，连食品的加工、销售工作都要让农业生产

---

1. 日本农林渔业的第六产业化是指将第一产业的农林渔业、第二产业的制造业、第三产业的零售业等事业综合起来一起推进，活用农林渔业的丰富的地域资源创造新的附加价值的策略，以提高的相关行业的收入，确保就业。

者来做，理论上是行不通的。本来，农业生产者最为关注的就是如何提高农业种植技术，食品的加工和销售则应该交给专业人才去落实。

● 如果雪国A级美食能很好地发挥作用的话，当地的农产品价格就能上涨，对农业生产者而言，这是莫大的恩惠。另一方面，对旅游行业和加工行业的人来说，利用农产品能吸引更多的游客，所以哪怕农产品稍微涨了点价，也不会影响到经营。总之，农工商三赢。

演讲者是我本人，自己这么说多少有点不好意思，但是这场演讲的确是在热烈的气氛中结束的。趁着大家反映都还很热烈的时候，我赶紧启动了雪国A级美食计划。

自主的持续行动是通往未来的途径。

雪国旅游圈，是由7个城镇组成的大范围联合旅游圈，其中包括了新潟县的鱼沼市、南鱼沼市、汤泽町、十日町市、津南町五个城镇，以及群马县的水上町和长野县的荣村。2008年，在日本国土交通省的观光厅刚刚成立之时，雪国旅游圈获得了官方认定。

这么描述，感觉雪国旅游圈是一个预算规模很多的国家级计划，但其实整个旅游圈的预算比一个城镇的旅游协会的预算还少。雪国A级美食计划开始得较为仓促，预算几乎是零。为何这样我们仍执意开始这项计划呢？因为我们有满腔的热情和气势。

但是我们不可能永远都是无条件付出的人,在第二年以后,多多少少还是需要些预算。我们和旅游圈的工作人员讨论后了解到,由于雪国旅游圈整体预算规模都很小,能分给雪国A级美食计划的预算金额格外少,少得甚至连支付一年的业务联络费用都不够。即使如此,我们还是坚持继续推动雪国A级美食的计划。因为,从加入我们的伙伴身上,我感受到了强烈的意志——"一起来改变当地吧""让我们把这里变得更美好"。

此时,我注意到一件事:

"雪国旅游圈的强大之处在于不依赖预算,自主地进行活动"。

我们虽然有那么一点点预算,但有些人还是认为"应该花在更有用的地方""应该把预算用在别处"。更有一些人认为,"预算的使用方式缺乏公平性"。

雪国旅游圈的范围很广,总共包含了7个城镇,所以预算的分配很难做到雨露均沾且万无一失。想让整个雪国同时提高水平,在现代是不可能做到的。所以我唯一能想到的办法,是让跑得快的人先走,勇攀高峰后站在山顶上向其他人挥手:"往这边走!"

因此,在雪国A级美食计划中,我们设立了极其严格的加盟标准。

首先,加盟店必须对自己经营的餐厅或住宿设施使用的食材有所掌握,要清楚地知道食材是否都是本地产的。

这一点,从消费者的角度来看是"理所当然"又"很简单"的做法,但对那些找菜贩、肉贩订购蔬菜和肉的、经常用半成品或加工食品的旅馆或餐厅来说，想要弄清这些食材的来源，难度相当大。光是这一个要求，就让很多想加盟的店望而却步了。

其次，我们设定了更高的门槛——旅馆或餐厅使用的产品必须有50%以上是本地产品。由于加工品的原材料几乎都不是本地产的，所以要想达到这个标准，有不少旅馆和餐厅甚至需要更换供货商。

除此之外，还有一个更有难度的规定：做菜时不能使用包括化学调味剂在内的添加物。这一要求毁誉参半，但我们认为理由很简单：雪国A级美食计划，是结合了提升旅游业活性和提升农产品附加价值的项目。农产品的附加价值应该把"味道"作为首要考量，因此生产者必须要思考如何"提升食材的味道"。换句话说，大家做出的料理必须能尝到蔬菜的细腻味道。不管是多美味的蔬菜，一旦被浇上加了浓郁的化学调味料的沙拉汁的话，蔬菜本身的味道一定会被盖过去。

雪国A级美食认证等级有1星至3星，星级的评价及认定标准如下：从农产品到调味料，店家使用的当地产品的比例；和农业生产者的合作方式（例如采用合约种植方式，让农民有稳定收入）；料理的味道。

我们在2011年5月第一次公布了雪国A级美食认定店。之后，雪国A级美食计划渐渐地渗透到了其他地区。由于面向旅游从业人员的宣传不足，认定店的数量每年增长得很缓慢。到了2015年4月，总共有9家住宿设施、16家餐厅和13种加工食品获得了雪国A级美食认证。

从雪国A级美食到日本A级美食之梦。

因为在雪国的预算有限,A级美食计划只能一点点地向前推进。不过,A级美食计划渐渐地走出了雪国,开始显示出在全国蔓延的迹象。

2013年,在岛根县邑南町的社区居民活动中,我在"邑南A级美食"工作会议上担任了主席。在石桥良治町长提出"A级美食立町"的计划后,邑南町全城都开始积极地推动A级美食项目。但是他们的"A级美食"认定标准太模糊,导致农业生产者、工商从业者、行政人员之间有了认知上的偏差,产生了分歧。而我的作用则是帮助农业生产者、工商业从业者以及当地居民们整理出他们对"A级美食"的看法,再针对农作物、加工食品、餐厅设定A级美食的认证标准。这个会议每月举办1次,每次都是门庭若市。最让我印象深刻的是,很多当地的居民是以委员的身份前来参加的。

我现在在全国各地进行演讲,向大家宣扬A级美食计划的优点。在演讲时我听到越来越多的人说"我们也想在当地发展A级美食"。

从雪国A级美食发展成日本A级美食。如果这个活动可以更加大范围地进行下去,我想真的会是一个非常有意义的项目。

Point 10

唤来『年轻力量』和『外部力量』

产学合作项目的举措。

"里山十帖"的建筑设计，基本上全都出自我手。不过12间客房中，有两间客房交给了公司外面的人来设计。其中一间是由我母校武藏野美术大学工艺工业设计系室内设计研究室的同学们设计的。。

"里山十帖"改造之际，我去找了室内设计研究室的伊藤真一教授。伊藤教授是我的大学同学，听了我的设计理念之后，他立马说："真是太好了，学生能看到自己设计的客房实际成形的样子，对他们来说是非常难得的经验，请务必让他们来设计。"

很多客人以为"里山十帖"的客房楼是全新的建筑，实际上它是房龄20余年的木构建筑。原本它像民宿一样简单朴素，但我们只保留了这栋建筑的主体结构，墙壁、地板、天花板全都被我们拆掉，装了隔热材料之后，才重新装上新的墙壁、地板、天花板，改造成新的空间。研究室的学生们首先看了旧客房的样子，再参观了拆掉墙壁、地板、天花板之后的建筑。在此之后，他们才开始设计客房。

学生的提案里，都包含了许多非常有前途的、崭新的创意。这一点很难用语言去说明，我认为不实际在这里住上一次就很难理解。学生们不仅做了室内空间的设计，还提出了家居设计新理念，比如沙发与床可以合二为一，同时还能将一些部件拆出来。

这些学生可能自己都没有察觉到，但我和伊藤教授都发现，在他们的设计里，蕴含着巨大的可能性。他们设计的床，将来很有可能用来做护理床。一些几乎只能躺在床上的老人，可以坐在床边的沙发上眺望风景、读书。而且，看护人在照顾老人的时候，能坐在老人的旁边擦拭他的身体，更换床单。我从学生的创意里看到了新的可能性。

传统纺织物与学生设计的结合。

"里山十帖"所在的新潟县南鱼沼市（旧盐泽町），是被联合国教科文组织列为非物质文化遗产的越后上布的产地。现在，联合国教科文组织把小千谷缩、越后上布和结城䌷作为日本传统纺织物，列为非物质文化遗产。

以越后上布和小千谷缩为代表，新潟县内孕育了各种各样的纺织文化。现在，除了一小部分外，其余的纺织文化逐渐消失，但若回顾雪国新潟的历史就能发现，纺织、和服制作等这一连串的产业，是非常重要的冬天的活计，代表着新潟生活文化本身。

我们想做的，就是与新潟的传统纺织物合作。

我们首先考虑的是将容易处理的棉织物做成原创产品，于是我们尝试接触了一些纺织厂商。在几番尝试后，我们决定和有着数百年历史的新潟市龟田缟的纺织厂商合作，共同开发商品。

龟田缟是一种强韧耐用的棉织物，经常被用来制成农业工作服。可能很多人不清楚龟田缟是什么样的，但说起过去的电影中日本农村妇女在劳动时穿的裤子的花纹，大概能想象得到了。

我想试着让学生们设计纺织物的花纹，于是去找武藏野美术大学工艺工业设计系纺织研究室的铃木纯子副教授商量。

很多人听到纺织花纹的设计，可能很难立马解释出它究竟是什么。简单来说，即使是看似简单的条纹，只要稍稍做一点改变，就能与众不同。例如，大家都很熟悉苏格兰格纹。在苏格兰，不同的格纹代表不同的家族，当地还有一家苏格兰格纹注册机构（The Scottish Register of Tartans），专门负责登记这些格纹。顺便一提，日本人很熟悉的伊势丹的苏格兰格纹也在这家机构登记了。

约稿半年后，受到委托的学生们提出了两种花纹设计，一种是斑马主题的"龟田斑马"，另一种也是动物主题的，以霍加狓为设计灵感做成的花纹。他们还提出建议，希望把这两种花纹用在旅馆内的衣服、被套、枕套、靠垫和托特包上。

2015年4月，学生们提议的商品还在重复试验的阶段。到底能不能在不破坏传统纺织品框架的情况下创造出新的价值，我们和纺织商对这些学生都非常期待。

与艺术家合作。

"里山十帖"不仅和美术大学进行产学合作，还积极地与各种各样的艺术家合作。

在日本，艺术的使用是非常贫乏的。展示艺术作品的地方除了美术馆和画廊外，几乎都是公共设施。在艺术市场，艺术品基本上都是收藏家在收集。艺术品，特别是现代艺术，几乎都没有进入人们的日常生活空间里。

不管在哪个时代，都有这样的说法："艺术是高尚的，只有具备特殊感受性的人才能理解艺术。"但这样会让艺术离我们的生活越来越远。画廊或美术馆里，不知为何，人们总是眉头紧锁，抱着双臂看艺术作品。

但是艺术绝不应该是这样让人觉得晦涩，高不可攀的东西。艺术，能让人类生活更丰富多彩，应该和食物、家具相提并论。所以，把一些被称为美术品或艺术品的东西摆在玻璃橱窗或者白立方画廊里，像是炫耀一般地展示给别人看，在某种意义上是滑稽。因为艺术作品需要和空间互相协调才有意义，是带给大众新的发现和感动的东西。

"里山十帖"里也展示了几件现代艺术作品。作品不仅没有解说，连作品名称和作家名字都没有被写上去。其实一开始，我们和艺术家商量过"是不是写上作品名称比较好呢"，但所有艺术家都表示"不需要写"。

不可思议的是，当一件现代艺术作品被标上作品名称的瞬间，就会变成观赏者心中"高尚"的东西，让人突然抱起胳膊，思考起作品名称的意义来。但若少了作品名称，观赏者们便会各随己愿地去感受了。

比如说在刚进玄关的地方，我们摆放了雕刻家大平龙一创作的巨型木雕作品。有人会惊讶于它极强的压迫力，也有人对它无动于衷。在接待楼和客房楼之间的连接走廊里，摆放着雕刻家柴田鉴三的作品，它与建筑物已完全融为一体。雕像是用叫聚苯乙烯泡沫塑料的隔热材料手工制成的，非常漂亮。当我们带客人去客房的时候，有些客人会停下脚步观赏雕像，也有人不会。

有些客人还会大声喊道："哇！这是什么！"也有人若无其事地路过。

当然，我们会为在这里停下脚步的客人做一些简单的解说。不过我想，要是我们把作品名放上去，可能所有的人都会在这里停下来观赏雕像吧。说实话，艺术也要看缘分，倘若合自己的胃口，就会情不自禁地停下脚步。反之，则会毫无反应地走过去。别人感到震撼的作品，自己也不必跟着惊讶，勉强自己真的毫无意义。

客人会在入住、退房、吃晚餐、吃早餐时通过这条走廊，至少要走个六次。每次经过雕像时光照都不一样，所以雕像呈现的表情也不相同。要是有客人感觉到了这种变化的话就好了。有的客人到了第二天早上才会发出感叹声，恐怕是因为早上心情比较放松，更容易觉察到艺术作品的美感吧。

与品牌的合作。

12间客房中，邀请外面设计师设计的另一间客房是204号房间，设计师是年轻建筑家海法圭。这间客房是"里山十帖"里最小的房间，它被划分成卧室、客厅和半户外空间。我本人是喜欢"房间不用太大"的人，海法通过专业的精密计算，设计出了适合日本人的规格的一个小而舒适的空间。明明是一间客房却有3

种空间体验，204号房间一跃成为客人评价"想住在这种家里"最多的房间。

在204号房间里，我们和玛格丽特·霍威尔的合作也备受客人瞩目。"里山十帖"是"当地的展示厅"，也是"生活方式的展示厅"。也就是说，我们的客房是衣食住的展示空间。

从2014年的8月8日到9月23日，我们提供的家具、洗漱用品，甚至点心和茶都是玛格丽特·霍威尔的产品。由于广受好评，我们把这个品牌活动截止日延长至9月30日，在活动结束后，我们客房仍选择继续使用这个品牌的洗漱用品。

"里山十帖"还有一个特色，就是有一间专门展示著名家具和杂货的生活方式提案型商店。这里主要展示的是丹麦、美国、和日本的家具，特别是丹麦的PP莫伯勒、弗里茨·汉森以及日本宫崎椅子制作所的产品。配合商店运营，我们还正在计划举办家具的使用方式和保养的讲座，将来还计划邀请家居设计师和生活工艺家来演讲。

一个个分开看的话，这些不过是单纯的产学合作、活动、设计、食物的提供，或是单纯的空间方案而已。但是，它们却是派生自同一个主题——"什么是真正丰富的生活"。我想，如何才能把这一切串联起来，是至关重要的。

一些来过"里山十帖"的艺术家和设计师都说过："'里山十帖'是只有编辑才能创造出来的空间。"换句话说，在这里，各种各样的东西都被重新编辑过了。这种评价对我们来说是顶级的赞美。接下来，我们还会继续编辑各种东西，继续打造新的共鸣媒介。

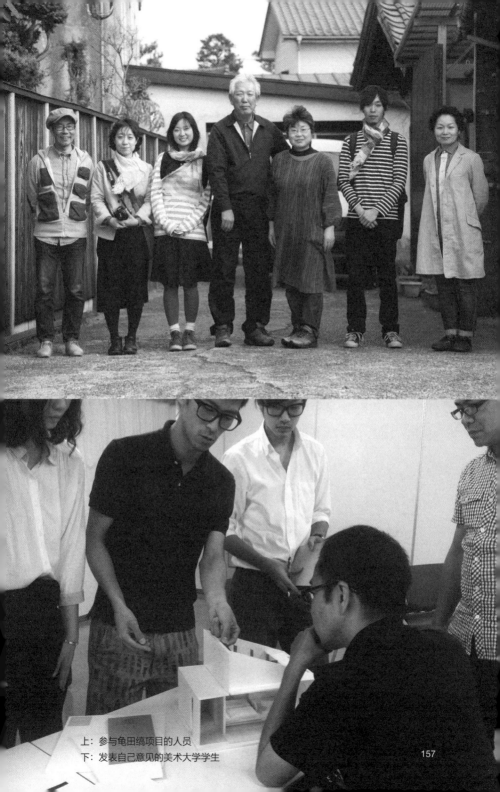

上：参与龟田缟项目的人员
下：发表自己意见的美术大学学生

| 后记 |

社会·连线·设计 | Social·Line·Design

"岩佐先生的职业是什么?"

我最近经常被人这么问,却很难作答。

在"里山十帖",我不仅进行建筑的设计(Design),还开发新菜单、搭配器皿、管理旅馆内指示牌和印刷品的相关事务。——说明起来实在太麻烦了,所以给自己冠上了"创意总监"的头衔。不过,从编辑各种各样的东西,打造新的价值观这一点来说,我也可以说是一个"编辑"。

那么,要问到我们公司究竟在做什么工作,我们将其称之为"社会·连线·设计"。

"社会·连线·设计"的意思是,将世间万物、人与人联系起来,建立起新的价值观。也可以称为"共创设计"。实际上,"里山十帖"结合了各种各样的元素,不断创新。在公司一直从事的食品事业中,我们开发了新的商品,创造了前所未有的食品价值,连接起生产者和工厂,向社会提供了各种各样的附加价值。

既不是申请专利的发明,也没有用最先进的技术制造东西,很容易让人觉得这件事没什么了不起。但令人意外的是，实际将各种各样的职业和各种各样的价值观联系起来，并产生新价值观的"共创"，其实少有人涉足。

为什么少有人涉足"共创"呢。我想，这可能是"随着产业分工的发展，大家的专业意识变得太过强烈导致的弊病"。"现在不是通才，而是专业人才的时代"，这样的观点是从何时开始流行起来的呢？的确，每个人都应该对自己的工作感到自豪，提高作为专业人才的技术也是非常重要的。但若过度地追捧专业人才，反而会限制专业人才横向发展的可能性。

我曾在武藏野美术大学专攻室内设计，上学期间曾创办了一家公司，并担任设计师。后来转职成为编辑，是因为我对自己的设计才能没有信心。年轻时，曾有人向我提出忠告："比起做设计师，你更适合当编辑。"这句话也成了我当编辑的支柱。为什么说我适合做编辑呢？这是因为，能把设计、艺术、摄影等艺术领域和文字世界联系起来的人才其实很少。当时我想："我可以去挑战那个领域！""找到了能进攻的地方了！"那种感觉直到现在我还记忆犹新。

接下来的25年，我不仅仅是编辑杂志，有一段时间还做过活动的策划运营，也运营过画廊。最近则开始着手食品的企划运营、农业以及经营旅馆。所以被问起"岩佐先生是开什么公司的？"渐渐成了家常便饭。

通常，编辑大多是文学院毕业，喜欢读书看杂志。但我却几乎不看书和杂志。大家经常会想象编辑的家里一定是被书和杂志塞得满满当当的，而我家里却找不到一本杂志或书籍。我的兴趣是思考我自己制作的杂志应该"如何传播给读者"。不怕大家误会,我就是对杂志不感兴趣。

对我来说,最重要的就是"制作"和"推测"。我虽然没什么当设计师的才能,但是我会制作报道和制作杂志等。"推测"就是在社会中创造新的价值观,在文章中收集大家的"共鸣",这于我而言是最大的快乐。

但是随着时代的变迁,读者对杂志的"共鸣"变得越来越少。比起杂志,倒不如说销售食品更容易让人产生"共鸣"。不久,我开始想打造一个能够对"吃"和"生活"提出建议的实体媒介。食品、农业和"里山十帖"对我来说,是比杂志更庞大的媒介。通过"里山十帖"的改造和运营,我意识到旅馆作为一个实体媒介,比我预想的更有潜力。毕竟旅馆可以提供包含了时间轴在内的饮食和生活方式的提案。而且,旅馆让各种各样的人相聚在一起,有无限的连接和组合方式。我相信,这里面还有许多还未被发现的可能性。

这样一想,日本全国的旅馆都处于危急存亡之秋,旅游业也低迷不振,真的是非常可惜。换个角度来说,在乡下,尤其是在旅游地区,还埋没着很多影响力凌驾于杂志之上的实体媒介。

如果有很多人,哪怕只有一个人能够发现这种可能,旅游地区的旅馆以及当地就能成为唤起强烈"共鸣"的实体媒介——怀着这样的期待,我写下了这本书。

老实说,我提出的设计思维不过是一种思考过程。10个人有10种思考方式,没有所谓的"绝对"。因此,一定会有人在读了这本书后觉得"真是说了一堆毫无根据的话""没有数据证明,又尽说些主观直觉,不管怎么讲我都不懂啊"。即使这样想也没有关系,但是我希望大家能意识到两件事:一是"有很多的可能性正等着大家发掘";二是通过对地方进行编辑、设计,"能创造出新的价值观"。

最后,我想讲一个小插曲,用来证明这本书中所说的旅馆的确是实体媒介和"共鸣点"。实际上,这本书的责任编辑铃木聪子,在我25年前转职成为编辑的时候就认识了。在那之后的25年里,我们一次都没有联系过。有一天,她来到"里山十帖",对"里山十帖"作为媒介的提案性产生了强烈的共鸣。假如没有"里山十帖",就没有机会再次相遇,当然也不会有这本书的出版了。

我们的目标"社会·连线·设计"指的是,将人和各种事物连接在一起,创造新的价值观。期待这本因久别25年的重逢而诞生的书,能把共鸣圈扩得更大。

2015年4月20日
写于"里山十帖"的203号房间
创意总监·编辑　岩佐十良